LOGOTERAPIA E ANÁLISE EXISTENCIAL

Dados Internacionais de Catalogação na Publicação (CIP)
(Câmara Brasileira do Livro, SP, Brasil)

Castillo, Juan Pablo Díaz del
Logoterapia e análise existencial: Uma aproximação fenomenológica para aprender a pensar o pensado / Juan Pablo Díaz del Castillo ; tradução de Mitsuo M. Chigutti. – Petrópolis, RJ : Vozes, 2025.

Título original: Aprendiendo a pensar lo pensado
Bibliografia.
ISBN 978-85-326-7210-0

1. Frankl, Viktor E. (Viktor Emil), 1905-1997
2. Logoterapia 3. Psicoterapia existencial I. Título.

25-267830 CDD-616.8914

Índices para catálogo sistemático:
1. Logoterapia e análise existencial : Psicoterapia 616.8914

Cibele Maria Dias – Bibliotecária – CRB-8/9427

Juan Pablo Díaz del Castillo

LOGOTERAPIA E ANÁLISE EXISTENCIAL

Uma aproximação fenomenológica para aprender a pensar o pensado

Tradução de Mitsuo M. Chigutti

EDITORA VOZES

Petrópolis

Tradução do original em espanhol intitulado *Aprendiendo a pensar lo pensado – Una aproximación fenomenológica a la logoterapia y análisis existencial*

Direitos de publicação em língua portuguesa – Brasil:
2025, Editora Vozes Ltda.
Rua Frei Luís, 100
25689-900 Petrópolis, RJ
www.vozes.com.br
Brasil

Editoração: Natalia Machado
Diagramação: Sheilandre Desenv. Gráfico
Revisão gráfica: Alessandra Karl
Capa: Marco Mancen

ISBN 978-85-326-7210-0 (Brasil)
ISBN 978-83-542-0285-0 (Espanha)

Este livro foi composto e impresso pela Editora Vozes Ltda.

Para meu pai

Com suas conversações acompanhou-me
a querer descobrir o mundo e aprendi
a conhecê-lo através das perguntas.

Sumário

Pensando as perguntas

Prólogo

Quando Viktor Frankl pediu que a logoterapia não ficasse em mãos de papagaios que repetissem o mesmo que ele, mas que, com espíritos inventivos, pudessem fazer o que ele próprio fez, ficar de pé nos ombros de um gigante, talvez não tenha dimensionado o profético de suas apreciações para o mundo que viria a seguir, pois hoje reina a falta de sentido, a evitação do sofrimento, a desumanização dos serviços, o desequilíbrio na saúde mental, assim como a superficialidade da vida moderna. Um espírito da época matizado pela imediatez, as relações de plástico, o desencontro, a massificação, a incerteza, o mercado do fugaz e imediato, a relativização do humano em diversas formas de reducionismo, incluindo o espiritualismo raso que nos afasta de uma visão antropológica que também contempla nossa animalidade.

Logoterapia e análise existencial é um desses textos que cumprem a função expressa no seu subtítulo, *aprender a pensar o pensado*. Ela nos recorda de que tudo parte da pessoa, pois algumas gerações de logoterapeutas caem num esquecimento no qual podem supervalorizar o tema do sentido ou do sofrimento humano. As "dez teses da pessoa", que Frankl nos ensinou com maestria, são retomadas neste trabalho a partir de uma perspectiva reflexiva, que nos ajuda na sua boa compreensão e, especialmente, no seu entendimento prático. Não é preciso dizer que o terapeuta novo na visão logoterapêutica costuma experimentar um grande assombro e paixão pela visão de pessoa de Frankl, contudo, poucas vezes consegue decifrar o que ela significa, ficando algumas vezes na sensação de profundidade ou do interesse despertado pelas colocações do pai da logoterapia, mas sem poder ver o que isso tem a ver com a práxis profissional. Fazer as leis da ontologia dimensional aterrissarem em exemplos concretos e revisar como as teses da pessoa humana estão precisamente ali, no homem comum da rua, converte esta obra numa oportunidade de *pensar o pensado*, transitando desde a base de Max Scheler até a estruturação teórica feita pelo próprio Frankl.

São tempos complexos, já vínhamos preocupados no âmbito clínico com as 800 mil pessoas que se suicidavam a cada ano, assim como pelos milhões de seres humanos que contavam com um transtorno mental até antes da pandemia; depois tivemos que enfrentar um impacto atroz como a covid-19 e começar a ver como, no pós-pandemia, os problemas de saúde mental aumentaram por volta de 25%. Tivemos alguns milhões de mortos, um aumento desmedido do estresse e da pobreza no mundo, disparando-se muitos dos determinantes sociais da saúde psicológica. Todo um chamado a ver de frente nossas propostas para enfrentar a morte e o sofrimento humano. A *cura médica de almas*, proposta por Frankl, surge com força neste novo contexto, assim como a tanatologia inspirada em suas proposições. A vida é finita, esgota-se e está limitada ao seu fim, sendo paradoxalmente uma oportunidade de sentido, pois não seria simples dotar a vida deste se fôssemos eternos, nossa finitude convida-nos ao movimento e a aproveitar as perguntas que nos faz a vida para transcendê-las. Somos muitas mortes. Diversas formas de luto, diferentes maneiras de aceitação da perda. *Logoterapia e análise existencial* aparece para recordar-nos e aprofundar em tal realidade radical: todos morreremos e, portanto, isto não é alheio ao humano e, portanto, a nenhum logoterapeuta.

Uma fenomenologia do sofrimento que nos ajude a compreender tal potencial, um diagnóstico diferencial que nos coloque diante da realidade do homem sofredor que clama por encontrar algum tipo de sentido em meio a seu padecimento, uma forma de pensar nessas proposições é a segunda grande contribuição desta obra.

Não se poderia completar este trabalho sem abrir um espaço importante ao nosso proceder pragmático do diálogo socrático, nossa forma de fazer perguntas, nossa arte maiêutica de ajudar a parir no outro seus recursos, sua pessoa espiritual. Além do mencionado, o livro de Juan Pablo traz uma terceira contribuição que vai muito mais além de pensar o pensado, converte-se num “levar a sério” a influência fenomenológica que recebeu Frankl, não somente a de Scheler, mas também a de outros importantes autores. Juan Pablo neste texto convida-nos a uma práxis fenomenológica real no âmbito logoterapêutico, não somente uma menção histórica, nem uma colocação da boca para fora, mas uma verdadeira posição de curiosidade e surpresa, uma verdadeira *epoché*, um autodistanciamento sem desconexão emocional, pelo contrário, um “colocar entre parênteses” como ênfase para ver como pensamos o que pensamos. Um reconhecimento humilde da constante atitude natural e um chamado a seu questionamento para torná-la consciente sem necessidade de lutar.

Conheci Juan Pablo há um par de décadas, trabalhamos juntos no Colectivo Aquí y Ahora [Coletivo Aqui e Agora], foi um dos primeiros apaixonados pelo movimento logoterapêutico que estávamos formando na Colômbia; tempos depois, fundamos juntamente com outros colegas a Sociedad para el Avance de la Psicoterapia Centrada en el Sentido [Sociedade para o Avanço da Psicoterapia Centrada no Sentido] (Saps) e desde então estamos anos a serviço da obra de Frankl, investigando, escrevendo e formando centenas de terapeutas do mundo de língua espanhola. Quando deixei a presidência da Saps para criar o nosso atual Meaning Group, não houve preocupação alguma entre seus membros, pois todos nós sabíamos que não poderia ficar em melhores mãos do que nas de Juan Pablo, não somente por sua dedicação e rigor ao pensamento de Frankl e ao mundo existencial, mas também porque é uma das melhores pessoas que conheço. Agora, a partir da presidência da Saps e do seu papel como um dos líderes do Meaning Group [Grupo de Significado], a obra de Frankl terá mais alcance em nossos países.

Efrén Martínez Ortiz Ph.D.
Setembro de 2022

Introdução

Entre os anos de 1928 e 1929, o filósofo alemão Martin Heidegger ministrou um seminário introdutório à filosofia na Universidade de Friburgo, que se encontra registrado em seu livro *Introdução à filosofia*. Para ele, o nome desse seminário não somente é inadequado, mas também está baseado numa ideia errônea da filosofia: "Esta colocação parte do pressuposto de que nós, que temos de ser introduzidos na filosofia, já de início, estamos situados fora da filosofia e de que a filosofia em si é um âmbito no qual teríamos que empreender o caminho para introduzir-nos nele" (Heidegger, 2001, p. 18-19). Tomando uma posição frente a essa ideia, o autor alemão diz:

> Não estamos de forma alguma fora da filosofia e isso é assim não porque, por acaso, já contamos com certos conhecimentos de filosofia. Mesmo que não saibamos nada de filosofia, já estamos na filosofia, porque a filosofia está em nós e pertence a nós e,

> sem dúvida, no sentido de que sempre filosofamos. Filosofamos inclusive quando não temos nem ideia disso, inclusive quando "não fazemos" filosofia. Não é que filosofamos neste momento ou naquele, mas filosofamos constante e necessariamente enquanto existimos como homens. Existir como homens, ser aí como homens, *Dasein* como homens, significa filosofar (Heidegger, 2001, p. 19).

Deste modo, podemos encontrar uma ideia-chave em sua filosofia. Heidegger propõe-nos uma ideia do ser humano, descrevendo-o como um filósofo em possibilidade de sua existência, mas uma possibilidade que ajudamos a despertar.

> Se a filosofia já está e encontra-se em nossa existência como tal, então essa aparência somente pode brotar do fato de que a filosofia está, por assim dizer, adormecida em nós. Está em nós, embora acorrentada e presa. Ainda não está livre, ainda não está no estado de movimento que é possível para ela. Isto é, a filosofia ocorre em nós, acontece em nós, mas não como, afinal, poderia ocorrer e deveria ocorrer (Heidegger, 2001, p. 19-20).

Essa atitude filosófica permanece como se estivesse adormecida até que nos ajudem a despertá-la; talvez isto poderia ser um dos objetivos ao acompanhar seres humanos.

> Mas introdução agora já não significa, a partir de uma posição fora da filosofia, levar alguém para dentro do âmbito da filosofia, e sim introduzir agora significa colocar em ação o filosofar, fazer com que em nós ocorra ou aconteça a filosofia (Heidegger, 2001, p. 20).

O que este livro busca é precisamente isso, tornar consciente o meu filosofar, isto é, pensar o que antes foi pensado; de certa maneira, atrevo-me a plasmar numas folhas de papel tudo aquilo que pude pensar sobre o que pensaram outros autores, principalmente Viktor Frankl, e, como ele disse, "o futuro da logoterapia depende de todos os logoterapeutas" (Frankl, 2012, p. 155), de modo que não ficamos unicamente em suas proposições como se fossem uma teoria fechada; a ideia deste livro é compartilhar uma série de contribuições e, dessa maneira, aceitar o convite que ele mesmo nos faz ao dizer-nos que espera que sigamos construindo o edifício sobre seus fundamentos (Frankl, 2012).

Considero que é importante seguir evoluindo-a e, certamente, desde a Colômbia, na Saps e todo Meaning Group, assim como em outros centros do mundo, estamos dando contribuições para convertê-la cada vez mais numa resposta às necessidades das pessoas e da comunidade; ele mesmo nos lembra que a comunidade de logoterapeutas não necessita estar de acordo com tudo o que ele disse ou escreveu (Frankl, 2012, p. 157), e este livro é minha contribuição a essas proposições do psiquiatra de Mariannengasse.

Pensando as bases da logoterapia e análise existencial

A logoterapia e análise existencial como uma forma de acompanhar o ser humano

Ser homem não consiste nos fatos, mas nas possibilidades.
Viktor Frankl

A logoterapia e análise existencial de Viktor Frankl (1905-1997) é uma proposta que se opõe à psicanálise de Freud e à psicologia individual de Adler, combinando um modelo de pensamento e uma metodologia, num processo que facilita o desenvolvimento da responsabilidade de sua existência nas pessoas, buscando que se convertam em protagonistas de sua vida e não em condenadas pelas condições que sua vida lhes apresenta.

A teoria desenvolvida por Frankl como médico, psiquiatra, neurologista e filósofo teve uma forte influência principalmente de filósofos como Husserl, Scheler, Heidegger, Jaspers, Dilthey, Buber, Hartmann, Kierkegaard e Nietzsche, o que lhe permite ser um modelo de pensamento com aplicação em diferentes áreas como a psicoterapia, a educação, a medicina, o acompanhamento e outras ciências humanas.

Toda teoria sobre o humano implica uma concepção do ser humano; juntamente com esta ideia, surge a crítica central que Frankl fez às antropologias implícitas das psicoterapias de sua época que têm uma característica comum: o *reducionismo antropológico*, que vê o ser humano como algo que não é nada mais do que suas condições biológicas, psicológicas ou ambientais, convertendo-o no produto de uma dessas dimensões, perdendo sua intencionalidade, liberdade e responsabilidade e praticamente impedindo-o de descobrir sentido na vida. Por isso, uma das contribuições de Frankl é sua visão antropológica, que busca devolver-lhe o humano, centrando a psicologia num objeto de estudo: o ser-no-mundo, como um ser que se responsabiliza por descobrir o sentido de sua vida (Frankl, 1994) e do sofrimento, atribuindo-lhe um lugar nos dilemas humanos que fazem parte de sua existência. Na logoterapia e análise existencial, falamos de um ser tridimensional: biopsicoespiritual, pois Frankl propõe a importância de se partir de uma ideia explícita de ser humano, proposição que vem do filósofo alemão Max Scheler.

Um dos conceitos que mais confusão gera é o do espiritual. Ele o descreve como uma realidade ontológica e não ôntica, uma vez que não pode ser concebido espacialmente, já que não é uma presença espacial (Frankl, 1994), diferentemente da palavra "espírito" que poderia ser usada como sinônimo; porém, isto se presta a uma confusão no uso do termo, pois "espírito" é um substantivo que tem uma substância ou forma, sendo possível sua localização espacialmente; tendo uma presença espacial, isto o converte numa realidade ôntica e não ontológica, diferentemente do espiritual.

Quando falamos de "espiritual" na logoterapia e análise existencial, estamos falando de um conceito filosófico e antropológico, não religioso: a teoria frankliana extrai esse conceito do filósofo alemão Max Scheler, para quem o espiritual é "uma palavra que compreende o conceito da razão, mas que, juntamente com o pensar ideias, considera também uma determinada espécie de intuição, a intuição dos fenômenos primários ou essências, e também uma determinada classe de atos emocionais e volitivos que ainda temos que caracterizar: por exemplo, a bondade, o amor, o arrependimento, a veneração etc." (Scheler, 2003, p. 61).

Continuando com as ideias de Scheler:

> A propriedade fundamental de um ser "espiritual" é sua *independência, liberdade e autonomia essencial* – ou a do centro de sua existência – *diante dos laços e da pressão do orgânico*, da "vida", de *tudo* o que pertence à "vida" e, portanto, também da inteligência impulsiva própria desta. Tal ser "espiritual" já não está vinculado a seus impulsos, nem ao mundo circundante, mas é "*livre* diante do mundo circundante", está *aberto* para o mundo, segundo expressão que gostamos de usar. Tal ser espiritual tem "mundo". Pode elevar à dignidade de "objetos" os centros de "resistência" e reação de seu mundo

> ambiente, que também lhe são dados primitivamente e no qual o animal se perde *extático*. Pode apreender, em princípio, a maneira de ser própria destes "objetos", sem a limitação que este mundo de objetos ou sua presença experimenta por obra do sistema dos impulsos vitais e dos órgãos e funções sensíveis em que se fundamenta (Scheler, 2003, p. 62).

Como se vê no que expressa Scheler, "o espiritual" refere-se a uma característica que diferencia o ser humano dos demais seres vivos e "por esta razão, falamos de 'o espiritual' sempre com a expressão pseudossubstantiva, com um adjetivo substantivado e evitamos o substantivo 'o espírito', pois com um autêntico substantivo somente se pode designar uma substância" (Frankl, 2003b, p. 101) e, como se viu antes, as substâncias podem ser localizadas espacialmente, sendo uma realidade ôntica.

Em outras oportunidades, usa-se "espiritualidade" como sinônimo de "o espiritual"; sobre isto, também seria bom fazer uma revisão. O termo "espiritualidade" é um substantivo abstrato de qualidade, gramaticalmente, numa qualidade abstrata do espiritual, eliminando o sujeito, transformando a "espiritualidade" em algo ainda mais abstrato e distante do que "o espiritual"; isto nos sugere que, quando se diz "o espiritual", faz-se referência a uma qualidade de uma pessoa, enquanto "espiritualidade" faria referência a uma qualidade da espécie ser humano; o problema surge com as acepções de "espiritualidade"; a RAE[1] nos indica quatro:

---

1. Real Academia Española (dicionário da língua espanhola).

1. f. Natureza e condição de espiritual.

2. f. Qualidade das coisas espiritualizadas ou reduzidas à condição de eclesiásticas.

3. f. Obra ou coisa espiritual.

4. f. Conjunto de ideias referentes à vida espiritual.

Então, a diferença está em que enquanto as acepções 1 e 3 relacionam-se com "o espiritual" mencionado por Frankl, as acepções 2 e 4 não fazem referência ao conceito da logoterapia e análise existencial, mas fazem referência a uma forma de viver a vida espiritual, seja por meio de uma religião ou de uma vivência relacionada com algo superior transcendente; também pode ser aplicada à espiritualidade dos grupos de doze passos como Alcoólicos Anônimos, Narcóticos Anônimos, qualquer grupo que trabalhe com os doze passos ou que vejam a espiritualidade como a entrega ou referência a uma transcendência, que é chamada de "o poder superior". Desta maneira, pode-se compreender que nem toda teoria que fale de "espiritualidade" relaciona-se com a proposta de Viktor Frankl.

Compreendemos o espiritual como um centro ativo, como algo que é independente, livre e autônomo diante dos condicionamentos biológicos, psicológicos e sociais da vida (Scheler, 2003); portanto, o espiritual é a dimensão específica dos seres humanos (Frankl, 2003d), que o diferencia dos demais seres vivos; o espiritual é, por definição, aquilo que é livre na pessoa (Frankl, 2003d). A psicoterapia de orientação logoterapêutica privilegia a dimensão espiritual do ser humano, sem desconhecer as outras dimensões que o constituem e, ao mesmo tempo, evitando a supervalorização do espiritual (Martínez, 2013a), ou seja, como logoterapeutas, buscamos ajudar a pessoa a ser consciente de sua liberdade diante do que lhe acontece.

> A logoterapia e a análise existencial são as duas faces de uma mesma teoria. Isto é, a logoterapia é um método de tratamento psicoterapêutico, enquanto a análise existencial representa uma orientação antropológica de investigação. Como orientação de investigação, é aberta em duas direções: está disposta à cooperação com outras orientações e à sua própria evolução (Frankl, 2003b, p. 61-62).

Desta maneira, a logoterapia e análise existencial propõe três campos de aplicação. A logoterapia, que é o caminho da intervenção, a análise existencial, que é o caminho da educação, e a "cura médica de almas", que é o caminho atitudinal.

A logoterapia é o caminho da intervenção e, a partir daí, são propostos dois métodos diferenciados:

1) logoterapia específica, que se realiza com pacientes que não têm problemas psicológicos, onde o espiritual não se encontra restrito e vão ao consultório por dilemas existenciais: um luto, sentir culpa, ter se extraviado do caminho de seu projeto vital, não descobrir sentido na vida, orientação vocacional etc.; na logoterapia específica, as intervenções são dirigidas para o espiritual ou noológico, buscando que se oriente para o mundo dos valores e do sentido;

2) logoterapia inespecífica, que é propriamente o que se conhece como psicoterapia; aqui vêm por problemas

psicológicos ou, como se diz na logoterapia, restrições de origem psicológica do espiritual: ansiedade, depressão, personalidade etc.; aqui as intervenções concentram-se na dimensão espiritual, buscando mobilizar os recursos espirituais, autodistanciamento e autotranscendência; a finalidade é remover a restrição daquilo que impede a manifestação desta dimensão, isto é: sua liberdade. Portanto, pode-se dizer que o objetivo central da logoterapia como psicoterapia é mobilizar a dimensão espiritual para permitir a manifestação dos recursos espirituais (Frankl, 2001c, 2003a; Martínez, 2005, 2009, 2011, 2013b; Martínez, Díaz del Castillo & Jaimes, 2010); estes dois recursos são as características antropológicas fundamentais (Frankl, 2001b).

A análise existencial, como uma aplicação dirigida ao educativo, converte-se numa educação para a liberdade, a responsabilidade e o sentido de vida; desta maneira, Frankl nos diz:

> Vivemos numa época caracterizada por um sentimento de falta de sentido. Nesta nossa época, a educação deve colocar o máximo empenho não somente em proporcionar ciência, mas também em afinar a consciência [*conciencia*][2], de modo que o homem seja perspicaz o bastante para interpretar a exigência inerente de cada uma de suas situações particulares.

2. Os termos "*conciencia*" e "*consciencia*" do espanhol foram traduzidos para o português como "consciência". Para maior clareza, onde o termo "consciência" refere-se a "*conciencia*", foi colocado o termo original do espanhol entre colchetes. Esta faz referência ao órgão do sentido, que é o que capta valores e sentido. "*Consciencia*" faz referência à luz que ilumina o mundo, como a autoconsciência reflexiva que é da dimensão espiritual.

> Numa era em que os dez mandamentos parecem estar perdendo sua validade para muitos, deve o homem colocar-se em condições de perceber os 10 mil mandamentos que surgem das 10 mil situações com as quais se vê confrontado em sua vida. Não somente lhe parecerá que assim sua vida volta a ter sentido, mas também que ele próprio estará imunizado contra todo conformismo e totalitarismo; porque somente uma consciência [*conciencia*] desperta e vigilante pode torná-lo "resistente", de tal modo que não se entregue ao conformismo nem se submeta ao totalitarismo (Frankl, 1999, p. 104-105).

Desta maneira, são propostos dois caminhos:

1) a análise existencial como explicação da existência pessoal: as ideias de Frankl partem de uma prática clínica, mas desembocam numa teoria metaclínica. O objetivo da análise existencial como explicação antropológica da existência pessoal consiste em tornar a pessoa consciente de sua liberdade, responsabilidade, suas possibilidades de descobrir valores e sentido, convertendo-se em protagonista de sua existência em relação ao mundo, razão pela qual pode ser a base de uma antropologia educativa que transforma a escola, porque "se a ideia do ser humano é de relevância decisiva tanto para a estrutura da pedagogia como para o trabalho educacional, será de urgente necessidade para ambos gozar de um firme apoio nessa ideia. A pedagogia que carece de resposta à pergunta 'o que é o

ser humano?' não fará nada senão construir castelos no ar" (Stein, 1998, p. 31);

2) a análise existencial como terapia das neuroses coletivas: Frankl propõe que o ser humano não somente pode padecer neurose em nível clínico, mas também pode sofrer de neuroses que estão além do clínico e às quais deu o nome de neuroses coletivas:

a. atitude provisória diante da existência: parece que o ser humano de hoje vive somente levando em conta e olhando com desconfiança a aniquilação da espécie humana pela mudança climática, pelas guerras etc. e vivendo o dia a dia sem importar o futuro, centrado no imediatismo; diz a si mesmo que não sabemos se amanhã vamos morrer, então nada realmente importa; a finitude converte-se neste ponto num temor que, para ser evitado, simplesmente se busca eliminar a angústia centrando a consciência no presente;

b. atitude fatalista diante da vida: ocorre quando a pessoa vive sua vida como algo determinado por outras dimensões, seja o biológico, o psicológico, o social, as estrelas, o carma, outras vidas, sua biografia familiar etc.; sente que, faça o que fizer, vai acontecer o que tem que acontecer, porque sua existência já se encontra escrita, está predestinada;

c. forma de pensar coletivista: o que ocorre inicialmente é que desaparece a pessoa em meio à massa

(Frankl, 2001c), porque se decide pelo que decidem todos; dessa maneira, desaparece a liberdade;

d. o fanatismo: também desaparece a pessoa e principalmente a diferenciação, porque "o fanático ignora a personalidade do outro, daquele que pensa de maneira diferente" (Frankl, 2001c, p. 196).

A análise existencial converter-se-ia numa antropologia pedagógica como prevenção destas pseudoneuroses propostas por Frankl e que são vividas cada vez mais em nossas sociedades.

A análise existencial tem todas as possibilidades de colaboração com a educação, porque:

> Assim, hoje mais do que nunca, a educação é educação para a responsabilidade. Vivemos numa sociedade de abundância, mas esta abundância não é somente de bens materiais, é também uma abundância de informação, uma explosão informativa. Cada vez mais livros e revistas amontoam-se sobre nossas mesas de trabalho. Somos importunados por estímulos e incentivos de todas as classes, e não somente sexuais. Se o homem em meio a todo este turbilhão de estímulos quer sobreviver e resistir aos meios de comunicação de massa, deve saber o que é ou não é importante, o que é ou não é fundamental; numa palavra, o que é que tem sentido e o que é que não o tem (Frankl, 1999, p. 105).

A "cura médica de almas" propõe um acompanhamento a pessoas que enfrentam um sofrimento inevitável (Frankl,

2003b) e – fazendo referência a uma inscrição no Hospital Geral de Viena que diz "dedicado não somente à cura, mas também ao consolo dos enfermos" – continua acompanhando as pessoas para que possam aceitar o inevitável. Para Frankl (2001a), o objetivo da cura médica de almas está centrado no despertar na pessoa uma atitude diante de um sofrimento imposto pelo destino; não lhe interessa o restabelecimento da capacidade de trabalho, nem de prazer, mas o estabelecimento da capacidade para sofrer e, precisamente, essa capacidade está em realizar os valores de atitude, porque a pessoa não "possui" esta capacidade; ninguém a colocou no berço; possuem-se órgãos e pode-se possuir talento, mas a capacidade de sofrimento deve ser adquirida por si mesmo; tem que padecê-la primeiro para si (Frankl, 1994); em alguns espaços acadêmicos, perguntavam-me se isso não era mais um masoquismo e, em geral, dava-lhes como resposta algo parecido a isto que nos propõe Frankl:

> Nenhum de nós pode evitar o encontro com o sofrimento inevitável, com a culpa imperdoável e com a morte da qual não se pode escapar. A pergunta que devemos formular-nos é: Como podemos dizer sim à vida apesar de todo este seu aspecto trágico? Uma pergunta que leva a esta outra: A vida, apesar de todos seus aspectos negativos, pode ter um sentido, manter o sentido em todas suas condições e circunstâncias? Primeiro, é preciso abordar a vida como é; segundo, lemos numa carta de Rilke à Condessa Sizzo: "Quem não aceita de uma vez com

> resolução, inclusive com alegria, a dimensão terrível da vida, nunca desfrutará dos poderes inefáveis de nossa existência, ficará marginalizado e, na hora da verdade, não estará vivo nem morto" (Frankl, 1994, p. 63).
>
> De um modo ou outro, deve-se lidar com os aspectos trágicos de nossa existência; a possibilidade de *to make the best of it*[3], como se diz magnificamente em inglês, a possibilidade de tirar o melhor partido; o melhor em latim é *optimum*; e agora vocês compreenderão como eu cheguei à expressão "otimismo trágico" (Frankl, 1994, p. 64).

O médico também tem que consolar a alma. Isto não é, de forma alguma, missão exclusiva do psiquiatra, mas sim tarefa de todo médico em exercício, recomendação da American Medical Association [Associação Médica Americana], mas eu creio que é uma tarefa dos envolvidos nos processos de saúde em geral.

Descrevendo o ser humano a partir de Viktor Frankl

A logoterapia e análise existencial está enquadrada numa visão antropológica e epistemológica explícita, conseguindo articular as proposições de vários filósofos num modelo de pensamento que ilumina diferentes aplicações; como vimos anteriormente, permite que as pessoas que o recebem apropriem-se de sua existência. Para Frankl, acima de tudo o que

3. Para tirar o melhor proveito disso, em livre tradução.

foi desenvolvido, o que mais importava era sua visão antropológica ou ideia do ser humano.

O pai intelectual de Frankl na ideia do ser humano foi o filósofo alemão Max Scheler (1874-1928), que em suas reflexões chegou à conclusão de que o problema filosófico, cuja solução reclama com maior importância nosso tempo, era o de uma ideia do que é o ser humano (Scheler, 2009). Também é conhecido como o pai da antropologia filosófica, uma disciplina da filosofia que reflete sobre o fenômeno "ser humano", onde propõe que toda ciência humana tem dentro de sua teoria uma visão implícita ou explícita do que é o ser humano e, a partir dessa visão, aproximamo-nos do ser humano e chegamos a concebê-lo a partir daí; evidentemente, as diferentes aplicações têm dentro de sua teoria uma ideia sobre o humano, e Frankl quis que sua nova teoria tivesse uma ideia explícita daquilo que é o ser humano.

Frankl tem dentro de sua obra uma grande quantidade de conferências sobre o antropológico nas quais descreve de uma maneira magistral sua ideia do ser humano, mas à qual farei referência é sua conferência em Salzburgo, intitulada "As dez teses da pessoa", do livro *A vontade de sentido*, algumas partes estarão transcritas e acompanhadas por minhas anotações que lhes permitirão ter uma aproximação prática.

As dez teses da pessoa

Frankl costumava dizer que em muitas oportunidades confundimos o conceito de pessoa com o de "indivíduo", mas, para a logoterapia e análise existencial, pessoa e indivíduo não são sinônimos e, desta maneira, iniciamos com a primeira tese:

1. A pessoa é um indivíduo: "A pessoa é algo que não admite partição, não pode ser subdividida, separada, porque é uma unidade" (Frankl, 2002, p. 106). Talvez um dos grandes problemas que experimentamos nesta época é a hiperespecialização, porque, devido a isso, desenvolveram-se ciências que estudam uma parte do ser humano e deixam as outras dimensões de fora, mostrando uma imagem que não está de acordo com o ser humano; Frankl (1994) costumava chamar isto de "niilismo da época", porque ao cair num "ismo", somente se vê uma parte, esquecendo o resto, e ele manifestava que existiam o biologicismo, o psicologismo, o sociologismo, o espiritualismo etc. e que, ao ter presente uma das dimensões, as outras são esquecidas, tornando impossível que uma pessoa possa experimentar sentido e liberdade, porque desaparece a intencionalidade como seres humanos, que é própria da dimensão espiritual.

Frankl propõe que somos uma unidade apesar das três dimensões, somos indivisíveis, isto é, que somos um *indivíduo*; a isto se refere esta primeira tese, isto é, que não nos podem dividir.

Por meio de um sistema visual e usando a geometria, explicava esta primeira tese; denominou-a "ontologia dimensional". Primeiro usou a figura tridimensional do cilindro; como sabemos, esta forma tem uma altura, uma largura e uma profundidade, situando-a num eixo de três dimensões (figura 1).

Figura 1

Incluindo outras imagens que uso para meus alunos em sala de aula, imaginemos duas luzes muito potentes que iluminam esse cilindro pelo lado direito e pela parte de cima (figura 2).

Figura 2

Podemos observar como, na parte inferior, aparece uma sombra circular e, no lado esquerdo, uma sombra retangular. Essas figuras de duas dimensões, o círculo e o retângulo, são as projeções do cilindro, mas não são a figura tridimensional, somente são projeções parciais (figura 3). Nesta imagem, podemos ver que existem contradições entre os desenhos, negam a unidade do desenho que representam (Frankl, 2002).

Figura 3

Desta maneira, Frankl propõe sua primeira lei: um fenômeno projetado para fora de sua própria dimensão a outras dimensões inferiores à sua própria mostra-se de tal maneira que as projeções são *contraditórias* entre si (Frankl, 1994). Nesta lei, Frankl chama nossa atenção para ter presente o reducionismo, isto é, ver o ser humano unicamente numa de suas dimensões. Também é preciso ter presente que é parte da condição humana, ninguém tem o olho de Deus, como se diria a partir do método fenomenológico proposto por Edmund Husserl, ou seja, vemos o mundo de uma maneira parcial. Ele propõe que nós, pessoas, ao nos relacionarmos com o mundo, o fazemos a partir de nossa *atitude natural* e esta vai configurando-se em nós graças a todas as aprendizagens acadêmicas e cotidianas, fazendo com que nos relacionemos com o mundo a partir de nossa perspectiva que, obviamente, sempre será parcial. A partir dessa perspectiva, o foco pode ser colocado mais numa das dimensões.

Vemos alguns exemplos quando realizamos testes psicológicos, como num teste de personalidade, podemos cair no erro de acreditar que os resultados do teste são a representação da pessoa que temos à frente e isso seria um psicologismo; podemos cair no reducionismo de supor que uma pessoa sofre depressão, quando o que tem é uma falta de sentido na vida, caindo num espiritualismo; também poderíamos pensar que um filho é os genes de seu pai e que está condenado a repetir a mesma história do pai, seria um biologicismo; ou podemos chegar a pensar que o lugar onde nasceu alguém determinará seu êxito ou fracasso na vida, esse seria um sociologismo. Esta primeira lei convida-nos a ter presente que, por nossas limitações humanas, temos a *atitude natural* de ver uma parte do ser humano e que, ao tornarmo-nos conscientes disso, podemos fazer o esforço de ver o ser humano não dividido.

Outro problema que surge desta primeira lei é o mascaramento psicológico. Uma vez trabalhei com uma paciente que vinha por uma depressão, estava sem esperança e aceitou vir à terapia pela última vez; ela esteve em psicoterapia em outras ocasiões, mas sem resultados de melhora. Chamou-me a atenção que havia muitos anos sem mudanças em sua depressão e pedi-lhe que me narrasse um pouco sua experiência nesses processos; chamou-me a atenção que não haviam feito uma avaliação do biológico e sugeri que marcasse consultas com diferentes médicos para descartar um possível mascaramento psicológico; foram realizados exames com o ginecologista e o endocrinologista. Os resultados mostraram que sofria de uma alteração hormonal (hipotireoidismo) e com a medicação conseguiu estabilizar-se ao longo do tempo e, na terapia, dedicamo-nos a trabalhar nas explicações que ela tinha conseguido encontrar para justificar o que estava se passando com ela; pouco a pouco, foi melhorando seu estado de ânimo e pôde expressar sua liberdade diante do que lhe acontece na vida. Neste caso, foi feito um reducionismo da dimensão psicológica, não tendo presente que somos uma unidade integral. Convém assinalar que, com a finalidade de compreender e visibilizar as possíveis e diversas etiologias localizadas na dimensão biológica, é necessário abordá-la com algum nível de profundidade, suficiente para ter clareza sobre a relação existente entre esta e os sinais e sintomas localizados na dimensão psicológica e inclusive na dimensão existencial (Martínez, Rodríguez, Díaz del Castillo & Pacciolla, 2015). É importante recordar que existe o mascaramento psicológico, biológico e existencial.

Agora faremos outro exercício; observaremos três fenômenos tridimensionais: o cilindro do exercício anterior, uma esfera e um cone (figura 4).

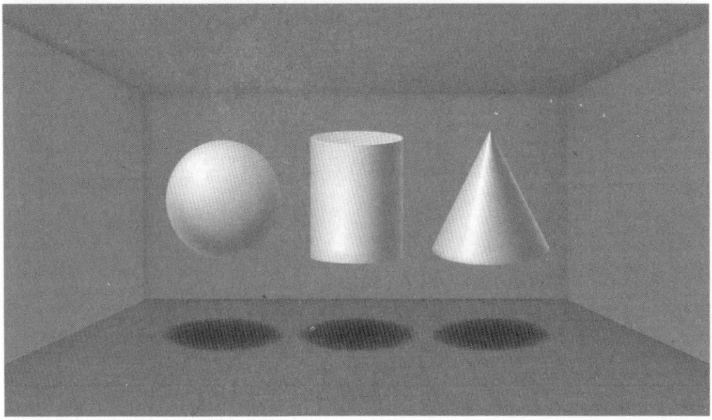

Figura 4

Voltaremos a imaginar essas luzes, mas, desta vez, localizadas na parte superior dos três fenômenos (figura 5).

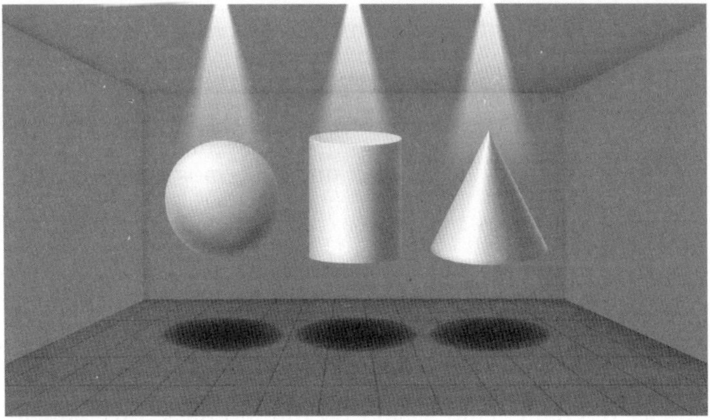

Figura 5

Na dimensão inferior, apareceriam três sombras circulares (figura 6).

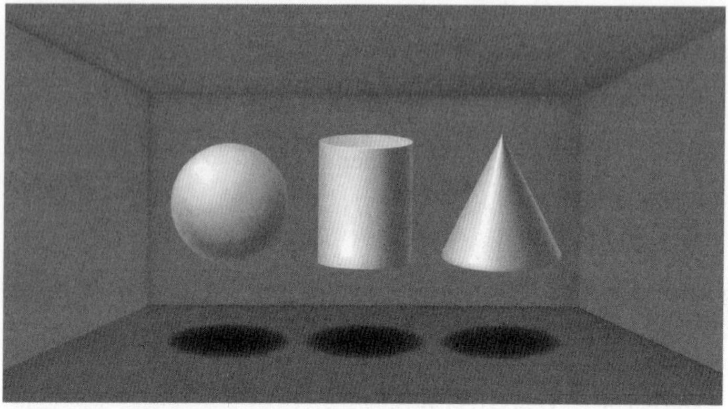

Figura 6

E aqui Frankl nos proporia sua segunda lei: diversos fenômenos, projetados a partir de sua própria dimensão a uma dimensão inferior, geram projeções ambíguas, porque não se poderia inferir de suas projeções que são um cilindro e uma esfera (Frankl, 1994). Como exemplo, poderíamos usar três artistas: Pablo Picasso, John Lennon e Leon Tolstói, podemos projetá-los numa dimensão inferior à sua própria e descobrir que os três têm um nariz, os três têm dois braços e os três têm uma boca, pelo que podemos chegar à conclusão de que essas três pessoas são iguais; aqui o que nos ocorreu é estarmos vendo as três pessoas a partir da dimensão biológica, impedindo ver as expressões próprias de cada um: a pintura, a música e a literatura, que tornam cada um deles um ser diferente, cujo legado no mundo dá-se precisamente nas diferenças do ser humano e não nas semelhanças de uma de suas dimensões; Frankl chama-nos a atenção para ter cuidado com o *exclusionismo*, no qual vemos que o ser humano não é nada mais do que uma de suas dimensões. Nesta época, existem mandamentos que excluem outras dimensões do ser humano, como, por exemplo, a moda do pensamento positivo, a dizer que, se se pensa positivo, o mundo todo muda e tudo é possível; certamente, pensar positivo trará algumas mudanças na vida, mas como é possível que os pensamentos poderiam mudar a experiência que uma pessoa tem com o mundo? Isso, pelo contrário, poderia gerar uma experiência ainda mais dolorosa, porque o pensamento positivo, tratando de modificar a experiência de mal-estar em sua relação com o mundo, não consegue mudar uma experiência profunda, como é a relação com o mundo; o que poderia se passar é gerar uma experiência de desconexão consigo mesmo ou de sentir-se indefeso diante do que lhe acontece; também o pensamento positivo pode levar-nos a acreditar numa quantidade de histórias sobre nós mesmos, fazendo com que a *atitude natural* (da qual falaremos mais adiante) impeça que vejamos nossos erros ou nossa participação em nossas dificuldades. "Controle sua mente e o mundo será seu" é uma frase de efeito que se lê constantemente nas redes sociais, volte e jogue, um *exclusionismo*.

Sendo mais integrais, o que é necessário neste caso de experimentar mal-estar psicológico é a aceitação da experiência de mal-estar com o mundo, e a aceitação é possível por meio da dimensão espiritual, mais exatamente do autodistanciamento que permite aceitar o dado à consciência, tanto no biológico como no psicológico. Por isso, poder-se-ia dizer que o pensamento positivo é a consequência de uma atitude frente ao mundo, mas o pensamento positivo não é o que muda o mundo.

Esta lei nos mostra o que pode acontecer ao buscar a igualdade por meio de uma das dimensões que prevalece sobre as outras, mas o que ocorreria se alguém não cumprisse esse critério de igualdade nessa dimensão? Começamos vendo como alguém diferente e que está fora dessa igualdade desejada; essa pessoa, ao ser vista como "diferente", é considerada como alguém que não pode ser parte dos "iguais" e tratada de maneira especial porque não poderá ser como os outros, e assim vai se dando o processo de exclusão.

Por outro lado, na atualidade, começou-se a falar mais da inclusão; esta nova modalidade põe sua ênfase na existência das diferenças, mostrando-as como reais, mas, principalmente, põe ênfase em que todos somos pessoas diferentes e, desta maneira, dá-se uma passagem de uma ética baseada na igualdade para uma ética baseada na alteridade e na diferença.

Gostaria de mencionar um caso de uma aluna que tive em minhas viagens a Lima; ela "é uma pessoa que não pode ver com os olhos"; nessa ocasião, estivemos realizando uma série de exercícios; num deles, solicitei que se sentassem em duplas frente a frente, ficassem em silêncio por um momento e depois dialogassem sobre o que descobriram no encontro; depois da instrução, alguns me olhavam com cara de surpresa pela realização do exercício solicitado; eu senti que estavam preocupados com sua colega "que não podia ver"; certamente, pensavam que não poderia realizar o exercício ou acredito que era isso o que pensavam. Quando começaram a compartilhar suas experiências e chegou a vez dela, começou a contar-nos o que ocorreu no exercício; a cara de todos ia transformando-se com o que ia narrando. Embora muitos acreditassem que uma pessoa como ela não poderia fazer psicoterapia, ela tem uma grande quantidade de habilidades que nós, os "videntes", temos adormecidas e que poderíamos despertar, porque sua diferença faz com que ela "veja as coisas diferentes", que as experimente a partir de outros sentidos. Compartilho essa história depois de sua autorização porque, neste momento, encontra-se à frente de um programa de sentido de vida para pessoas "não videntes" que se chama "o sentido é invisível aos olhos".

Durante a última metade do século XX, iniciou-se um processo de inclusão em todo nível; embora nos pareça estranho na atualidade, tem havido a inclusão das mulheres, dos afrodescendentes, das pessoas com enfermidades mentais, dos homossexuais e, pouco a pouco, das pessoas com as chamadas deficiências; estamos vivendo um período da história no qual a inclusão é parte da cotidianidade em muitos níveis da vida e cada vez mais a diferença está sendo aceita como uma realidade humana.

2. "A pessoa não é somente um *in-dividuum*, mas também *insummabile*" (Frankl, 2002, p. 106): Frankl quer nos dizer

que não somente não se pode dividir, mas que também não se pode agregar-lhe algo e isto porque não é somente unidade, mas é também uma totalidade (Frankl, 2002). Com isto, propõe-nos que não pode ser acrescentado a categorias mais inclusivas como a nacionalidade, raça, gênero, identidade ou orientação sexual, religiosidade etc. porque esses tipos de categorias representam hierarquias que englobam e massificam, rompendo a unicidade e a diferenciação, deixando de lado a pessoa. Lévinas (2015) propõe-nos que não se pode assassinar o outro, mas sim os outros, quando os massificamos e transformamos numa categoria que aglutina. Como exemplo, podemos referir-nos a uma situação como a seguinte, que costuma acontecer em algumas reuniões: "Você é psicólogo? Sem dúvida já está me analisando, porque passa fazendo isso todo o tempo"; é possível que em algum momento tenham dito isso a vocês; eu recebo esse comentário com bastante frequência, principalmente quando conheço alguém novo; parece que tiram a nossa unicidade e tornam-nos parte de uma massa que sempre se comporta da mesma maneira, como se fazer parte de um grupo nos definisse como pessoas. Quando acreditamos que nos assimilamos às massas, na verdade o que fazemos é afundar-nos nelas (Frankl, 2002); ao perder-nos na massa, perdemos a qualidade que nos torna humanos, únicos e irrepetíveis: a responsabilidade (Frankl, 2001a).

Às vezes, meus alunos expressam que isto parece afastar-nos da comunidade e dar mais peso à individualidade; aí Frankl (2001a) diz-nos que a verdadeira comunidade está integrada por pessoas responsáveis, enquanto a massa anula a responsabilidade pessoal. O valor da pessoa encontra-se condicionado à comunidade e o sentido da comunidade não está dado pela individualidade de seus integrantes, diferentemente da massa que somente valoriza a utilidade de seus integrantes e não sua dignidade como pessoas. Por outro lado, também nos explica outro dos perigos de massificar, lembrando-nos o fato de que é mais fácil valorizar ou desvalorizar completamente um grupo de pessoas – pela raça, pela crença religiosa, pelo gênero etc. – do que ter uma ideia sobre cada pessoa separadamente (Frankl, 2001a).

Quando a pessoa se funde na massa, pode chegar a sofrer o que Frankl (2001c) chamava de "neurose coletiva". Esse tipo de neurose paraclínica caracteriza-se por quatro sintomas:

- Atitude provisória diante da existência: acostuma-se a viver o dia e para o dia; parece que as pessoas estão mais atentas à possibilidade da destruição da vida como a conhecemos, pelo aquecimento global, por uma pandemia ou pela guerra, do que às possibilidades que aparecem na existência.
- Postura fatalista diante da vida: considera que sua vida não está em suas mãos, sente-se condenada pelas circunstâncias.
- Pensamento coletivista: esquece-se de que somos pessoas únicas e irrepetíveis e move-se segundo o que o grupo decide, esquecendo-se de sua liberdade e responsabilidade.
- Fanatismo: quase não se importa com o outro que pensa diferente.

3. "Cada pessoa é absolutamente um ser novo" (Frankl, 2002, p. 107). Frankl propõe-nos uma reflexão sobre as semelhanças e as diferenças e convida-nos a refletir sobre elas. Outro dia, uma aluna contava-nos em sala de aula que ela se sentia motivada a ajudar pessoas com dificuldades desde pequena, seu pai tinha se dedicado a ajudar muitas pessoas a melhorarem sua qualidade de vida por meio da melhoria de suas moradias, mas ela não se sentia próxima desse estilo de vida e, querendo ajudar as pessoas à sua própria maneira, decidiu estudar psicologia e ser psicoterapeuta. Esta tese de Frankl refere-se à marca pessoal de cada um, à existência própria; a assinatura de cada um é diferente e, embora trabalhem na mesma coisa, sempre será única. A cada pessoa que chega ao mundo, lança-se um novo ser; pois a existência espiritual não pode ser herdada (Frankl, 2002); dos pais herdam-se as tintas, os pincéis e a tela, mas a pintura é uma obra própria.

Isto também pode levar-nos a refletir se o que ensinamos a nossos filhos vai determinar sua vida e acaba ajudando em certa medida, mas não completamente, porque podemos ensinar-lhes uma grande quantidade de princípios, mas essa nova pessoa aprende o que decide aprender, torna-o próprio a partir de sua vida e não a partir dos ensinamentos dos pais, tornando próprio o que observa deles. Para explicar isso, podemos enunciá-lo com um exemplo: podemos ensiná-los a agradecer, mas não a se sentirem agradecidos; é algo que descobrem com o tempo e farão isso do seu modo.

Esta lei também faz referência à aceitação da diferença; nem todos nossos filhos farão as coisas da mesma maneira e seria um erro esperar isso; em alguns casos, chegamos a converter o amor num prêmio pela repetição de comportamentos, quando, na verdade, o amor não é "mérito", o amor é uma "graça"; poderia ser compreendido como a vivência de outro ser humano, em tudo o que sua vida tem de peculiar e singular, porque o amor acolhe o outro como um legítimo outro; o amor é um ato intencional, não um estado emocional (Frankl, 2001a), é um poder dizer que te amo e que, apesar das coisas das quais não gosto em ti, posso seguir amando-te.

Podemos ver a aplicabilidade desta lei em diferentes campos; no mundo da psicoterapia, muitas vezes buscamos aprender diversas técnicas, esperando que, ao aplicá-las, solucionemos os problemas, como se a arte do ato terapêutico estivesse nela e não na relação entre o terapeuta e o paciente.

> Um dos maiores perigos nos Estados Unidos é a tendência a acreditar que a técnica em si muda a pessoa, que qualquer um pode mudar somente encontrando o método adequado. Frequentemente essa crença serve como substituto da coragem interna para enfrentar a própria existência, tanto em suas possibilidades trágicas como nas prazerosas. Fazer é frequentemente mais fácil e pode atenuar a ansiedade mais rapidamente do que ser (May, 1978, p. 180).

Isto aparece quando temos uma visão do ser humano como uma máquina a ser reparada, em que cada pessoa é igual à outra e podemos focar a técnica passando por cima da pessoa.

Esta tese recorda-nos que cada relação terapêutica é estabelecida com uma pessoa nova, diferente das anteriores, e que "o terapeuta deve esforçar-se para criar uma terapia nova para cada paciente" (Yalom, 2019, p. 60), já que cada relação terapêutica é totalmente diferente das demais. A forma de poder reconhecer a diferença é por meio dos dois aspectos que aparecem no discurso terapêutico: o conteúdo e o processo. "O conteúdo são as palavras exatas que são ditas, os temas substanciais que são abordados. O processo refere-se a uma dimensão inteiramente diferente e de uma importância enorme: a relação interpessoal entre o paciente e o terapeuta" (Yalom, 2019, p. 20); e ele continua dizendo que o que guia a terapia é a relação e não a teoria, motivo pelo qual nos centramos no processo, ou seja, na relação terapêutica acima do técnico.

> A técnica tem um significado muito diferente para o novato do que para o experiente. A técnica é requerida para aprender a tocar o piano, mas a longo prazo, se se quer fazer música, deve-se transcender a técnica aprendida e confiar na própria espontaneidade (Yalom, 2019, p. 61).

Quando nos centramos no técnico, aparecem os protocolos, que seriam um passo a passo de como fazer a intervenção, mas esse tipo de intervenção esquece que cada pessoa é diferente e que a repetição não implica a mudança esperada na pessoa que a recebe.

Na logoterapia e análise existencial, dizemos que cada intervenção será também única e irrepetível; Frankl (2001a) explicava isso em sua equação $\Psi = X + Y$, onde a letra grega Ψ simboliza a psicoterapia ou o encontro que está no resultado da soma da personalidade única e irrepetível do terapeuta e da personalidade única e irrepetível do paciente; este é um convite a não acreditar que há intervenções universais que são iguais para todas as pessoas; cada pessoa que está buscando ajuda é um mundo novo e assim devem ser as intervenções, desenhadas para essa pessoa única que compartilha nosso espaço. Quando usamos técnicas gerais, acreditamos que a técnica por si só vai realizar as mudanças, e acabam sendo técnicas sem sentido porque não vemos o único da outra pessoa; como diria Frankl (2003d), qualquer diálogo que se limite à autoexpressão deixa de fora a qualidade autotranscendente da realidade humana. O encontro autêntico implica um modo de coexistência que está aberto ao logos, permitindo aos participantes transcenderem a si mesmos em direção ao logos; uma técnica não tem em conta a singularidade da relação paciente-terapeuta e vê o outro como alguém distante da relação, como alguém isolado do mundo.

4. "A pessoa é espiritual. Por seu caráter, a pessoa espiritual encontra-se em contraposição heurística e facultativa ao organismo psicofísico" (Frankl, 2002, p. 107). O organismo psicofísico é a totalidade dos órgãos, da matéria humana, dos processos fisiológicos, hormonais, dos processos psicológicos superiores, da personalidade, da identidade; entre outras mais, é o fático no ser humano, mas devemos ter em conta que por mais unidos que estejam o

somático (físico) e o psíquico, sempre serão dois modos de ser distintos e a única coisa que têm em comum é que ambos são modalidades do ser; também temos em conta que o somático e o psíquico não podem ser considerados como degraus ou camadas, mas como dimensões de um ser que é unidade e totalidade (Frankl, 2001c). Mas Frankl lembra que, para que o ser humano seja uma *totalidade*, é necessária uma terceira dimensão, a espiritual, a dimensão própria do existir humano (Frankl, 2001c). E esse próprio do ser humano é o livre que permite estar por cima do nível dos determinantes somáticos e psíquicos da existência... por isso falamos do espiritual como possibilidade de opor-se ao somático e psicológico (Frankl, 2001b). Isto quer dizer que podemos tomar uma posição diante do organismo psicofísico, podendo decidir postergar um comando do organismo; por exemplo, podemos deixar de consumir, embora tenhamos fome, certos alimentos porque nos fazem mal; apesar do cansaço, podemos levantar-nos da cama; podemos postergar o desejo sexual, fazer algo apesar de sentir medo e até atuar educadamente apesar da raiva que estejamos sentindo; o espiritual permite tomar uma posição diante do que parece exigir o organismo psicofísico.

O espiritual também possibilita a capacidade de refletir sobre si mesmo e até de rejeitar-se (Frankl, 2001b); a capacidade de tomar consciência de si mesmo é própria dos seres humanos; nesse refletir, entramos em diálogo conosco mesmos, precisamente quando existe uma restrição do espiritual;

os pensamentos convertem-se num monólogo e esses pensamentos confundem-se com a realidade; ao contrário do que foi dito acima, quando o espiritual se revela, podemos dialogar com nossos pensamentos, conversando conosco mesmos e levando-os em conta ou não, porque compreendemos que nem todos nossos pensamentos são a realidade, mas uma interpretação de nossa relação com o mundo.

Na relação com o mundo, são descobertos impactos afetivos porque o espiritual nos abre e isso implica um ressoar com o mundo, permitindo-nos habitá-lo. Podemos também dialogar com as emoções e os sentimentos, aceitando-os, duvidando deles, decidindo segui-los, usando-os como fonte de inspiração para escrever um poema, um conto ou um desenho. O espiritual é autoconsciência reflexiva e é isto o que nos permite dialogar conosco e poder tomar decisões sobre o que acontece na relação com o mundo. Nesse diálogo, podemos ser nosso próprio juiz dos atos (Frankl, 2001b), permitindo gerar diálogos éticos entre o bom e o mau nas ações, entre o belo e o feio, o que nos atrai ou não, porque o espiritual torna consciente o estético, o erótico e o ético (Frankl, 2001b). Nesta dimensão também podemos situar o humor, já que o único ser vivo capaz de rir de si mesmo é o ser humano. O espiritual não permite apenas refletir sobre si mesmo e sua relação com o mundo, porque o espiritual é um *estar presente* em relação com o mundo, numa dupla relação com o intencional, em um ir e vir.

O espiritual também é um *estar junto a* outros seres, permitindo uma relação ontológica, embora a pessoa não esteja presente em sentido ôntico. Por exemplo, quando trago à consciência meu pai que morreu há alguns anos, esse "estar junto a" é expressão do espiritual, que faz com que as relações ontológicas não requeiram tempo nem espaço, mas que sejam uma presença da transcendência, permitindo que as pessoas continuem existindo conosco, embora estejam em outro continente ou já tenham partido para o sono eterno.

Viktor Frankl propõe-nos que a função do organismo é a de ser meio de expressão da pessoa, porque o espiritual instrumentaliza-o, tornando-o próprio; porque se não existisse o organismo, a pessoa não poderia expressar-se no mundo, ficaria inexpressável. A logoterapia propõe que a dignidade do ser humano está dada porque somos uma pessoa espiritual; podemos então nos dar conta de que a dignidade humana é independente da utilidade social ou vital do ser humano.

Podemos refletir sobre a dignidade humana e a enfermidade e dar-nos conta de que a dignidade humana está no fato de que a pessoa espiritual é preservada porque, como diz Frankl (2002), não existem enfermos do espiritual, porque este não pode adoecer e permanece aí apesar de uma enfermidade do organismo psicofísico. Por isso, na logoterapia, expressa-se o credo psiquiátrico: "Esta fé na continuidade da pessoa espiritual mesmo por trás dos sintomas da enfermidade psicótica; pois, se não fosse assim, eu diria, não haveria sentido para o médico curar o organismo psicofísico, 'repará-

-lo'" (Frankl, 2002, p. 108). A enfermidade que afeta o organismo psicofísico não adoece a pessoa espiritual, mas torna-a invisível, restringindo suas possibilidades de expressão. Mas este olhar aberto à possibilidade foi um presente de Frankl, e nós, profissionais que trabalham com a logoterapia, temos esse olhar para a dignidade do ser humano e não ficamos considerando a pessoa como inútil à medida que o organismo vai se deteriorando ou encontra-se enfermo; por isso a ideia que temos do ser humano é importante para nós porque, do contrário, pensaríamos no ser humano como uma "máquina" que reparamos.

Para a logoterapia e análise existencial, o espiritual refere-se a um centro ativo, onde aparecem as possibilidades no mundo, e não como o espírito, que seria um substantivo: pois, com os substantivos, somente podemos designar uma substância ou uma coisa, isto é, como uma realidade ôntica, algo que tem espacialidade e poderia ter uma localização. Por esta razão, quando falamos de "o espiritual", sempre o fazemos com a expressão pseudossubstantiva, como um adjetivo substantivado e evitamos o substantivo "o espírito" (Frankl, 2003b); isso se deve ao fato de que, quando ao adjetivo "espiritual" agregamos a palavra "o", transforma-se um adjetivo em um substantivo, mas quando usamos a figura de um adjetivo substantivado, mantemos "o espiritual" como uma qualidade; por exemplo, quando dizemos "o espiritual na pessoa", esta figura remete-nos ao fato de que segue sendo o livre no ser humano (Frankl, 2003b), sendo possibilidade e uma possibilidade nunca adoece, isto é, a dimensão que não adoece (Frankl, 2003c); o que adoece é o organismo psicofísico, enquanto o espiritual seria "independência, liberdade ou autonomia essencial – ou a do centro de sua existência – diante dos laços e da pressão do orgânico, da 'vida', de tudo o que pertence à 'vida' e, portanto, também da inteligência impulsiva própria desta" (Scheler, 2003, p. 62); por isso dizemos que o espiritual é uma realidade ontológica e não ôntica; ao ser uma realidade ontológica, podemos relacioná-la com a redefinição (fenomenológica-existencial) do "ser" proposta pelo filósofo alemão Martin Heidegger em sua obra fundamental *Ser e tempo* (Martínez, Rodríguez, Díaz del Castillo & Pacciolla, 2015), onde ele nos propõe que "ser" é o conceito mais universal, mas como um conceito que não se articula com um gênero ou uma espécie, seria antes um "transcendental" (Heidegger, 2009); não podemos confundir o conceito "ser" com um "ente", porque, ao "ser", não podemos atribuir-lhe uma entidade (Heidegger, 2009). Desta maneira, atrevo-me a relacionar o espiritual de Frankl com o "ser" de Heidegger, ambos como uma realidade transcendente, como um verbo, como um gerúndio: "sendo". Por isso dizemos que relacionamos o "ser" de Heidegger com os referentes intencionais que, chamados de transcendentes, relacionamos com a autotranscendência frankliana (Martínez, 2013c).

A psicoterapia antes de Frankl e algumas atuais são alheias ao espiritual e por isso acabam sendo simples formas de reparar esse "ser humano máquina". Nós, ao ter presente a pessoa espiritual, reconhecemos sua dignidade, sabemos que essa pessoa está em relação com um mundo de valores e sentidos a serem realizados. Lembremos que, quando estamos num encontro com um paciente, nossas intervenções vão dirigidas ao espiritual, buscando mobilizar os recursos espirituais ou ajudando-o a orientar-se para o mundo onde pode chegar a descobrir e realizar o sentido de sua existência.

Para evitar que nos confundamos com o fato de que o termo espiritual normalmente tem uma conotação religiosa em alguns idiomas, Frankl (2001b) prefere falar do fenômeno noético em contraste com o psíquico e da dimensão noológica em contraste com a psicológica. Em resumo, podemos dizer que é a dimensão dos fenômenos especificamente humanos vinculados entre si – a consciência e a autoconsciência – e que podemos compreendê-los sempre e quando entendamos que o ser humano é capaz de distanciar-se de si mesmo, abandonando o "plano" do biológico e do psicológico para passar ao "espaço" do noológico (Frankl, 2001b). Como seres humanos, podemos autodistanciar-nos e autotranscender-nos.

5. "A pessoa é existencial: isto significa que não é fática nem pertence à facticidade" (Frankl, 2002, p. 111). O ser humano tem um organismo psicofísico que, com o passar do tempo, vai se tornando fático, mas, como pessoa, é facultativo; o facultativo permite-lhe tomar uma posição diante dessa facticidade; por isso, na logoterapia e análise existencial, afirmamos que podemos ser donos de nossa existência,

decidindo-a a cada instante. Frankl (1999) diz que ser pessoa é ser *responsável* pela existência; isto é, que não somente somos livres, mas também que somos *responsáveis* por nossa existência. Responsabilidade é uma palavra que se compõe das palavras "resposta" e "habilidade"; portanto, dizemos que o ser humano dá resposta às perguntas que a vida lhe faz. Aqui podemos ver outra mudança que nos propõe Frankl diante da ideia de ser humano porque, sendo os interrogados, damos uma resposta às perguntas que eventualmente nos formula a vida (Frankl, 1999).

A palavra responsabilidade tem outras acepções possíveis. Talvez a mais comum seja aquela em que a responsabilidade é entendida como assumir as consequências das ações; neste caso, a responsabilidade implica uma causalidade (Maturana, 2015), mas, em Frankl, nós a vemos como essa habilidade de responder à vida.

Por outro lado, sabemos que Frankl tomou uma posição diante das outras duas formas de psicoterapia que coexistiam em Viena, a psicanálise de Freud e a psicologia individual de Adler; para o primeiro, aspiramos a evitar o desprazer; Freud divide a psique em id, ego e superego. O id, que é o inconsciente onde se expressam as pulsões e os desejos impulsionados pela libido, que enfrentam o superego, que é a moral introjetada por meio das normas, regras e proibições culturais e parentais; de outro lado, está o ego que, aparentemente, atua como a instância mediadora entre as duas anteriores; nesse processo, aparece um incremento da tensão que é experimentada como desagradável e busca-se diminuir o mal-estar psicofísico por meio dos mecanismos de defesa, ao que Frankl (2002) chamou de vontade de prazer; "contudo, a hipótese de Freud, baseada na física de seu tempo, segundo a qual a única tendência, fundamental e primária, do ser vivo seria o relaxamento, não está de acordo com a realidade" (Frankl, 2003a, p. 49); na logoterapia, propomos que não estamos determinados por nossos instintos ou pela evitação do desprazer, mas sim estamos orientados para os valores e a realização do sentido, ao contrário da psicanálise que propõe que estamos movidos por uma vontade de prazer.

Pelo lado da psicologia individual de Adler:

> Sai do terreno do psicológico para recorrer por um momento à biologia e ali pegar seu conceito da "inferioridade do órgão". Esta, como fenômeno somático, leva, como reação psíquica, ao "sentimento de inferioridade". Mas não somente diante da inferioridade orgânica, mas também diante da constituição doentia, da debilidade e da feiura. Por sua vez, o sentimento de inferioridade busca sua compensação seja no âmbito do social, ou, o que dá no mesmo, no seu correlato psíquico, o "sentimento de sociabilidade" – aqui se torna evidente como, saindo da esfera do biológico, é introduzido um elemento sociológico –, ou ocorre que se chegue a uma compensação ou inclusive a uma supercompensação do sentimento de inferioridade, além e fora do âmbito do social, em cujo caso, e seguindo as teorias da psicologia individual, já se tocou a essência da neurose. À petição

> de princípio de alguns instintos que reprimem a si mesmos, segundo víamos na psicanálise, corresponde agora outra petição de princípio, desta vez a cargo de Alfred Adler, posto que, segundo sua doutrina, não é algo pessoal, mas é o próprio social que decide a atitude e postura do homem diante da sociedade: o decisivo neste sentido são o meio ambiente, o entorno e a educação do homem, se temos que acreditar na psicologia individual (Frankl, 2003a, p. 50-51).

Para Adler, o mal-estar psicológico origina-se a partir do complexo de inferioridade, a pessoa busca compensá-lo tratando de evitá-lo e, dessa maneira, busca regular-se. O problema está em que a busca do reconhecimento converte-se no fim último das ações e, além disso, numa busca supercompensada, cujo fim é evitar o mal-estar psicológico. Uma das manifestações destas vontades é a chamada sociedade do bem-estar, mas, "na sociedade do bem-estar e da abundância, uma boa parte da população possui meios econômicos, mas carece de metas vitais, tem que viver, mas sua vida carece de um porquê, de um sentido" (Frankl, 1994, p. 53).

Vejamos uma situação de ambas as perspectivas: quando estava no colégio, tinha muito medo de falar em público por medo da desqualificação e de sentir-me rejeitado; a estratégia que tinha criado era evitar falar em público; então quando o professor pediu-me que passasse a ler a resenha do livro que eu tinha lido, disse-lhe que tinha deixado o trabalho em casa. O professor diz-me: Que pena, porque era um grande trabalho. Depois ele me diz: Mas você leu o livro e fez a resenha, então pode vir e contar-nos tudo do que se lembra. Com a estratégia de evitar ficar na frente dos meus colegas de classe, o que fiz foi evitar o mal-estar, isto é, regulei-o, o que seria o contrário da autorregulação. Felizmente o professor convenceu-me a ir para a frente e, desta vez, sem a proteção do trabalho para cobrir o meu rosto e não ver o dos meus colegas de classe, falei de cada capítulo do livro e o que aprendi de cada um; meus colegas aplaudiram e creio que foi a primeira vez em meus anos de adolescência que senti que podia falar bem em público; hoje ainda sou grato por esse momento e pela astúcia do meu professor.

Tendo em conta a mesma situação a partir da psicologia individual, vamos supor que tivesse feito algumas terapias para melhorar meu medo da rejeição e fosse a oportunidade ideal para mostrar aos meus colegas que eu era muito bom para falar em público e assim buscar o reconhecimento deles; o fim último era evitar o mal-estar que produzia meu medo de falar em público. Essas duas formas de existir buscam evitar ou reprimir as experiências, convertendo-se em formas possíveis do comportamento do ser humano, para não permitir que apareça aquilo que gera mal-estar, mas, ao querer reprimir, intensifica-se aquilo que não se quer viver (Heidegger, 2007), aumentando o nível de mal-estar psicológico. Durante muitas décadas, essas duas formas foram as bases de diferentes modelos de acompanhamento, nos quais se buscava a regulação psicológica. Essas ideias fizeram-nos acreditar que a angústia, a ansiedade, a tristeza, a raiva, o medo etc. fossem vistas como estados afetivos nocivos ou prejudiciais, fazendo-nos acreditar que deviam ser evitados e que, em muitas ocasiões, senti-los era coisa de pessoas com problemas e não confiáveis; mas, desde os anos de 1930, a logoterapia e análise existencial propõe um caminho diferente que começou a ser visto no fim dos anos de 1980, com o início das chamadas terapias de terceira geração.

Viktor Frankl propõe que essa tensão não necessita ser evitada ou eliminada, mas que podemos compreendê-la, para conhecer por que uma pessoa em particular encontra-se experimentando-a dessa maneira. Se, por um lado, os outros dois modelos buscavam eliminar a tensão produzida pelo mal-estar psicológico, aqui o que buscamos é mantê-la e usá-la numa direção que nos leva a entrar em relação com o mundo dos valores e do sentido; "o sentido e os valores são as 'razões' que 'movem' o ser humano a adotar um determinado comportamento" (Frankl, 1994, p. 194), permitindo relacionar essa afetividade não como algo alheio, mas como algo que se relaciona com sua forma de valorizar o mundo, nessa tensão entre ele e o mundo; ele chamou esta proposta de vontade de sentido. Podemos compreendê-la como "a faculdade propriamente humana de descobrir formas de sentido não somente no real, mas também no possível" (Crumbaugh & Maholik, 1963, p. 42) e que é mencionada por Frankl (1999) em seu livro *A presença ignorada de Deus*; dessa maneira, no mundo do possível, pode-se encontrar certa tensão, uma tensão saudável e bem dosada... buscando tarefas concretas que possam ter sentido e assim poder manter essa certa "saudável tensão" (Frankl, 1994); essa certa tensão é o que chamamos de vontade de sentido.

Segundo Frankl (2003a), mediante a vontade de sentido, buscamos dirigir os esforços para a realização do sentido; para ele, estamos num mundo onde podemos decidir nossa existência, ao contrário de um onde não se poderia, que nos converteria em pessoas conformistas, totalitaristas ou fanáticas. Por isso, no exemplo anterior, para a logoterapia e análise existencial, eu efetivamente sentia muito medo, porque existia uma ameaça, mas, ao enfrentá-la, consegui conectar-me e realizar valores relacionados com a solidariedade e o intelectual; na verdade, nunca pensei que esse momento seria tão importante, mas, em minha vida atual, para mim está muito claro, essa ação levou-me a abrir um mundo de possibilidades e sentido; "somente na medida em que o homem cumpre o sentido e realiza valores, cumpre e realiza a si mesmo" (Frankl, 1994, p. 34).

Para finalizar a quinta tese, deixemos que o próprio Frankl (2001b) conte-nos a confusão destas vontades: o prazer é realmente um efeito da realização do sentido; o poder é um meio para um fim. Assim, poderíamos dizer que, enquanto a vontade de prazer confunde o efeito com o fim, a vontade de poder confunde o meio para um fim com o fim em si mesmo, porque o que em muitas ocasiões desejamos não é o "desejo de poder nem o desejo de prazer, mas o desejo do sentido" (Frankl, 1994, p. 12). E, tendo em conta na atualidade o mandato pelo desejo da felicidade, esta "nem deve nem pode nunca ser uma meta, mas somente um resultado" (Frankl, 2019, p. 43).

6. "A pessoa é egoica, ou seja, não responde ao 'id', não se encontra sob a ditadura do 'id', uma ditadura em que Freud pode ter pensado quando afirmou que o 'ego' não era amo em sua própria casa" (Frankl, 2002, p. 111). Se voltamos às origens da logoterapia e análise existencial, como vimos na tese anterior, Viena estava sendo a grande anfitriã dos inícios da psicoterapia com Freud à frente; recordemos que ele nos propõe que o aparato psíquico dividia-se em *id*, *ego* e *superego*, em que o *ego* era o resultado da compensação entre duas forças, uma empurrada pelo *id* e outra reprimida pelo *superego*; portanto, o *ego* não decide, senão que faz a mediação entre essas duas forças, por meio dos mecanismos de defesa inconscientes, fazendo com que o *ego* seja um efeito e não uma decisão. Frankl tomou uma posição diante desta teoria e propõe que a pessoa é *egoica*, ou seja, decide a si mesma, é responsável por sua existência, podendo dar uma resposta diante dessas duas pressões: dos instintos e do social.

Isto me leva a abrir um tema adicional para compreender melhor esta sexta tese, o conceito do inconsciente; diz-nos Frankl (1999, 2002) que não somente existe o inconsciente instintivo, mas também o inconsciente espiritual, isto é, que o inconsciente é muito mais do que os impulsos, os instintos, o reprimido ou a libido. Mas o que é isso que chamamos de "inconsciente" ou que também pode ser encontrado como o "não consciente"? Para compreendê-lo mais facilmente, primeiro vejamos o que é isso que chamamos de "consciência"; gosto de compreendê-la através da metáfora do refletor, ou seja, que a "consciência" é como um refletor, uma luz que ilumina o mundo; portanto, o campo da consciência é onde está a luz do refletor, enquanto o que está fora da luz seria o "não consciente"; indo mais além, sabemos que:

> Assim, devemos distinguir entre um saber (primário) e uma consciência (secundária) deste saber. O que se costuma chamar de consciência é, contudo, idêntico a esta consciência autorrelacionada, a esta consciência autorreflexiva, a consciência [*conciencia*] do próprio saber, do saber sobre si mesmo, a esta autoconsciência. Devemos opor a esta consciência = autoconsciência [*autoconciencia*] uma consciência imediata. Esta consciência imediata corresponde ao que se chamou em outros tempos de *prima intentio*, enquanto o ato de reflexão (secundário) derivado do ato (primário) da intenção coincidiria com o que se denominou *secunda intentio* (Frankl, 1994, p. 164).

Tudo isto nos fala de diferentes níveis de consciência, uma consciência psicológica que é chamada de ato primário; esta consciência relaciona-se com a ideia que Husserl toma de Franz Brentano, "a intencionalidade da consciência", que nos propõe que sempre somos consciência de algo, mas esse ato reflexivo, ou esse ato secundário, é o espiritual tomando consciência do organismo psicofísico e ao qual chamamos de autoconsciência reflexiva, que é a base do saber que sabe, e da autocompreensão, como um dos elementos do autodistanciamento, que facilita o autoconhecimento. A consciência psicológica toma consciência do mundo, mas simultaneamente tomamos autoconsciência do que tomamos consciência, permitindo uma espécie de diálogo que tomará uma posição diante do que aparece como um objeto de nosso conhecimento.

Como vimos, o espiritual pode tomar consciência do psicofísico, mas não pode tomar consciência do espiritual, porque se converteria numa consciência ao infinito, tornando-a pré-consciente; em certo sentido, a existência é sempre irrefletida, simplesmente porque é irreflexiva (Frankl, 1999); por isso falamos do espiritual não consciente ou inconsciente espiritual.

Frankl (1994), em seu livro *El hombre doliente*[4], propõe que o mais profundo do ser humano é o seu mundo emocional, já que, de um ponto de vista existencial, o específico do ser humano está mais no emocional e existencial do que no racional e no intelectual; neste terreno pré-reflexivo costumam ser tomadas grandes decisões, assim como existe uma compreensão ou inteligência pré-científica do ser, ou uma inteligência pré-lógica, há também uma inteligência pré-moral dos valores; a consciência [*conciencia*] guia os seres humanos; em outras palavras, é o órgão do sentido (Frankl, 2003c); preci-

---

4. *O sofrimento humano*, título do livro em português pela Editora É Realizações (2019).

samente, a consciência [*conciencia*][5] está imersa no inconsciente espiritual (Frankl, 1999).

A teoria de Frankl propõe que o existencial e as decisões humanas são experimentadas num primeiro momento de uma maneira afetiva; tudo isto foi inspirado no trabalho de Max Scheler e sua compreensão da ética, onde nos propõe que "podemos perceber sentimentalmente os valores" (Scheler, 2001, p. 87); isto quer dizer que os valores são descobertos afetivamente no mundo, os valores são o objetivo e o afetivo na pessoa é o subjetivo, porque é a captação própria do valor, de maneira que dizemos, a partir da logoterapia e análise existencial, que o sentido é descoberto de uma maneira intuitiva; para Scheler (2001), cai em erros uma ética que seja conformada e ordenada unicamente pela vontade racional. Podemos compreender que a consciência [*conciencia*] vem antes da razão, porque somente se pode tornar racional numa etapa posterior (Frankl, 1999); para se conseguir tomar consciência do intuído pela consciência [*conciencia*], existem métodos que o facilitam, por exemplo, o diálogo socrático (Martínez, 2013b) e o treinamento em percepção de sentido de vida (Martínez, 2009, 2014); essas metodologias permitem-nos tornar consciente o impacto afetivo da consciência [*conciencia*] que descobriu valores no mundo e, ao

5. Como poderão dar-se conta no texto [original], fala-se da "*consciencia*" e da "*conciencia*"; a primeira faz referência à luz que ilumina o mundo, como a autoconsciência reflexiva que é da dimensão espiritual; enquanto a segunda faz referência ao órgão do sentido, que é o que capta valores e sentido.

levá-los à consciência, podemos torná-los próprios e transformá-los em atos, porque o sentido implica uma ação, um doar-se para uma causa na qual estão depositados os valores que nos atraem.

Mas vamos adiante e sigamos com a consciência [*conciencia*] como órgão do sentido. Em seu livro *A presença ignorada de Deus*, Frankl apresenta-nos uma análise heurística, onde nos descreve que, pela consciência [*conciencia*] ontológica, descobre-se um ser que é, isto é, aquilo que temos realizado, quem estamos sendo; também nos diz que pela consciência [*conciencia*] ética, descobre-se um ser que ainda não é, mas que pode chegar a ser, que primeiro há de tornar-se real, porque nesse momento é pura possibilidade (Frankl, 1999); a chave para compreender é que esse antecipar-se, essa antecipação espiritual, dá-se no que chamamos de intuição; a antecipação espiritual ocorre num ato de "visão" (Frankl, 1999); nosso trabalho como terapeutas é tornar consciente o ser que decide, torná-lo consciente de sua liberdade e responsabilidade que o constituem como ser humano, que se decide a si mesmo e que não é o resultado de mecanismos internos que eliminam sua possibilidade de ser o que decidiu para si mesmo.

7. "A pessoa não é somente unidade e totalidade em si mesma (ver as teses 1 e 2), mas a pessoa brinda unidade e totalidade" (Frankl, 2002, p. 112): a pessoa apresenta a unidade física-psíquica-espiritual e a totalidade representada pelo *ser humano* (Frankl, 2002). Frankl propõe que somos uma unidade e uma totalidade e que "é constituída,

fundada e garantida somente pela pessoa" (Frankl, 2002, p. 112). Nós, como seres humanos, podemos ser conscientes de nossa dimensão espiritual somente coexistindo com nosso organismo psicofísico, em três níveis: o físico, o psicológico e o espiritual, numa unidade e totalidade. A chave na teoria frankliana para nós é que o espiritual encontra-se a certa distância, permitindo-nos tomar uma posição diante do psicofísico, isto é, opor-nos diante de nossos comandos biológicos; por exemplo, trouxeram-lhe uma caixa de trufas belgas e você pode ter o impulso de comer todas as trufas da caixa antes que chegue sua namorada, mas você pode tomar uma posição diante do biológico, decidir pelo valor solidariedade, esperar sua namorada e desfrutar entre os dois essa deliciosa caixa de chocolates e, com certeza, terá uma experiência diferente, e eu me atreveria a dizer que é bem possível que descubra sentido nesse ato de compartilhar. O mesmo ocorre com o psicológico; por exemplo, os pensamentos que você tem sobre uma experiência não são a experiência, são pensamentos sobre o que você está experimentando, nem você é seus pensamentos; então sua espiritualidade ajuda-o a tomar uma posição diante deles.

Frankl propõe que o espiritual é o facultativo, que se encontra em oposição[6] ao organismo psicofísico, que é o fático. Quer dizer que o espiritual pode tomar uma posição diante de seu organismo mediante o que ele denomina "antagonismo psiconoético facultativo" (Frankl, 1994), que sempre é

6. Tomar uma posição diante de algo.

possibilidade (Frankl, 2002), é a dimensão para onde dirigimos nossas intervenções quando fazemos psicoterapia. Desta maneira, Frankl apresenta-nos seu credo psicoterapêutico:

> A fé nesta capacidade do espírito do homem, sob quaisquer circunstância e condições, de desapegar-se do psicofísico e situar-se a uma distância fecunda. Se não valesse a pena – de acordo com o primeiro credo, o psiquiátrico – "reparar" o organismo psicofísico, por não ser uma pessoa integramente espiritual que, apesar de sua enfermidade, espera recuperar-se, então nós – de acordo com o segundo credo – não estaríamos em condições de apelar para a espiritualidade no homem para que ofereça seu poder de resistência ao psicofísico (Frankl, 2002, p. 113).

Ter presente esses dois credos que nos propõe Frankl é a chave para ajudar nossos pacientes a manifestarem sua liberdade através do "poder de oposição do espírito".

8. "A pessoa é dinâmica: justamente por sua capacidade de distanciar-se e afastar-se do psicofísico é que se manifesta o espiritual" (Frankl, 2002, p. 113). Como vimos anteriormente, o espiritual é uma característica do ser humano; também o espiritual é uma qualidade que nos diferencia dos demais seres vivos, como vimos na quarta tese; o espiritual, ao ser uma possibilidade criadora, ao realizar-se, converte-se no que constitui a biografia das pessoas; por isso podemos definir o espiritual como um verbo em gerúndio, não uma substância ou um ente, isto é, algo que tem umas formas, como a identidade, a personalidade etc. Como o

espiritual é criador da forma, Frankl (1994) nos diz que o caráter é algo criado e a pessoa é criadora; embora nossa personalidade vá tornando-se rígida com o tempo, a pessoa segue sendo dinâmica, isto é, o facultativo continua sendo uma possibilidade.

"Existir" é uma palavra que vem do latim "*ex-sistere*", que significa sair de si mesmo. Esta premissa do existencialismo permite-nos diferenciar da ideia moderna cartesiana de um ser humano estático e alheio ao mundo, dividido em duas substâncias: *res cogitans* (coisa pensante) e uma *res extensa* (substância extensa), que são separadas entre si. Por outro lado, o "existir" propõe que estamos numa relação com o mundo que nos permite sair de nós, para conhecer-nos, afetar o mundo e confrontar-nos conosco e com o mundo; isto é possível para a pessoa se ela, como pessoa espiritual, enfrentar a si mesma, como organismo psicofísico (Frankl, 2002), e ao mundo. Para Frankl (2002), somente quando estabelecemos um diálogo conosco mesmos, manifesta-se o espiritual do psicofísico.

9. "O animal não é pessoa, posto que não é capaz de transcender-se e de enfrentar a si mesmo" (Frankl, 2002, p. 113). Como vimos anteriormente, o pai intelectual de Frankl foi Max Scheler; este, em seu livro *A posição do homem no cosmos*, apresenta-nos as diferenças qualitativas entre o ser humano e os demais seres vivos; vou contar-lhes um pouco o que diz em relação a três grupos de animais: 1. instinto animal, 2. memória associativa e 3. inteligência prática.

Primeiro falaremos do "instinto animal"; antes vamos definir o instinto como uma conduta inata do ser vivo, que está relacionada com um fim para a mesma espécie, tem certo ritmo que se encontra relacionado com o meio ambiente, é inato, herdado e não depende de uma quantidade de ensaios prévios, ou seja, é automático para cada espécie (Scheler, 2003). Para explicá-lo, falemos de certas espécies que estão relacionadas com o "instinto animal"; por exemplo, as baleias, num momento determinado do ano, começam a migração para zonas específicas do oceano para poder ter suas crias; algo similar ocorre com os pinguins-imperadores na Antártida, que viajam até o mesmo lugar onde nasceram e os machos preparam o ninho antes que chegue sua parceira, conservam a mesma parceira por toda a vida, vão se identificar pelo canto que emite o macho; as aves migratórias, num momento estabelecido do ano, iniciam seu voo migratório para que se protejam das mudanças das estações; os esquilos, num momento do ano, começam a guardar provisões para o inverno; essas condutas são inatas e instintivas, o fim é a sobrevivência da espécie; o que um animal pode representar e sentir está determinado *a priori* por seus instintos e seu meio ambiente (Scheler, 2003).

O segundo grupo foi denominado de "memória associativa" e a este grupo pertencem os seres vivos cuja conduta pode modificar-se lenta e continuamente; essa modificação dá-se por tentativa e erro e a conduta está ligada à imitação. Exemplos deste grupo são muito fáceis de encontrar em nossa vida cotidiana, como em cães, cavalos, focas, golfinhos e até na baleia orca. Esses animais podem ser treinados por meio do que conhecemos como condicionamento operante mediante os reforços que fazem parte dos processos de aprendizagem.

E, por fim, há o grupo que foi denominado de "inteligência prática", sua conduta tem um fim e não é derivada de ensaios anteriores, responde a situações novas; é uma conduta produzida e não está dada pela imitação, porque também se baseia numa situação nova. Esse tipo de inteligência é encontrado em animais como os macacos. Num estudo nas Ilhas Canárias, o psicólogo Wolfgang Köhler, da Estônia, um dos principais teóricos da escola da Gestalt, realizou estudos e pôde comprovar todos esses resultados mencionados anteriormente: os macacos tinham a capacidade de usar coisas de seu meio ambiente como ferramentas; por exemplo, uma vara podia ser utilizada para alcançar alimentos e não era produto da repetição, mas de uma inteligência para inovar e resolver problemas novos.

Como seres humanos, compartilhamos essas características com os demais seres vivos; temos instintos, e essa é uma diferença-chave, porque os animais são seus instintos (Scheler, 2003), o animal vem determinado por eles, sendo espécies perfeitas, isto é, não podem mudar mais além de sua programação, um esquilo não pode ser mais esquilo do que já é, enquanto nós, os seres humanos, temos instintos e podemos opor-nos a eles, podendo ser diferentes a cada novo encontro, a cada nova decisão, e nunca chegaremos à perfeição, porque somos seres abertos à mudança e nunca seremos produtos acabados; por exemplo, podemos fazer uma dieta por temas de saúde, podemos postergar o desejo sexual porque temos uma relação de casal e é mais importante a fidelidade e o sentido que descobrimos nessa relação; nós, os seres humanos, também temos uma memória associativa e podemos ser condicionados com reforços positivos ou negativos, como propunha Skinner, aprendemos por tentativa e erro, mas, e aí reside a diferença, também podemos tomar uma posição diante desses modelos de aprendizagem, porque não somos o que nos ensinam, somos o que aprendemos. Nosso nível de autoconsciência permite-nos usar as coisas como ferramentas e isto foi parte de nosso processo evolutivo, porque também temos uma inteligência prática.

Mas outra diferença está em que os animais não são pessoas, eles têm meio ambiente, nós habitamos o mundo, porque, nessa possibilidade de ter tomado uma distância do meio ambiente, aparecem os *objetos*; para os demais seres vivos uma *cadeira*, uma *mesa* são meio ambiente, para nós não, são objetos aos quais designamos nomes "cadeira" e "mesa", com os quais nos relacionamos, porque habitamos o mundo. Também há valorações que fazemos desses *objetos*: é a cadeira de meu avô, é a mesa da casa de meus pais. Nessas relações de valoração, podemos descobrir valores: a cadeira de meu avô onde escreveu seu primeiro livro, a mesa de meus pais é uma bela peça de madeira talhada; essa diferença está relacionada com o mundo dos valores e do sentido, porque posso descobrir valores nesses objetos. Podemos levar um cão doente ao veterinário e ele lhe aplica uma injeção para melhorar seu estado de saúde, mas isso dói e ele vai ficar dolorido, poderá ficar incomodado com o veterinário e até mordê-lo; por outro lado, nós podemos ir ao médico, ele decide aplicar uma injeção e pode doer, mas sabemos que é para melhorar a nossa saúde e, apesar da dor, encontramos um sentido; essa é outra parte das diferenças entre um ser humano e os demais seres vivos; estamos relacionados com os valores e com o sentido, porque podemos autotranscender-nos e nisso consiste a lei seguinte.

10. "A pessoa não se compreende a si mesma senão do ponto de vista da transcendência" (Frankl, 2002, p. 114). Porque, segundo nos diz Frankl (2001a), a principal característica humana é estar sempre dirigida ou apontando para algo ou alguém diferente de nós mesmos; por exemplo, um sentido a cumprir, outro ser humano a encontrar, uma causa à qual servir ou uma pessoa a quem amar, porque o humano permite-nos estar abertos ao mundo. Recordemos que somos seres biopsicoespirituais e o que nos faz estar abertos ao mundo dos valores e do sentido é a dimensão espiritual; por isso somos seres que podemos compreender-nos a partir da transcendência. Essa transcendência apresenta-se a partir da consciência [*conciencia*], ela se revela como uma função especialmente intuitiva. Para antecipar o que pode ser realizado, a consciência [*conciencia*] primeiramente o intui (Frankl, 1999). Para a logoterapia, quando se fala de fé, não

se fala da fé em Deus, mas da fé em poder descobrir sentido da vida, isto é, poder conectar-nos, relacionar-nos com valores e entregar-nos à sua realização; é essa experiência que chamamos de sentido; então, quando em logoterapia e análise existencial, dizemos que temos fé em que podemos descobrir sentido na vida, e isto faz com que a vida tenha sentido, como modo de esclarecimento, esse sentido é secundário, porque se o sentido fosse primário, estaríamos falando do sentido como uma ordem no mundo, mas falamos de uma experiência secundária de sentido.

Na logoterapia e análise existencial, temos uma fé em que o sentido está no mundo e nós o descobrimos no mundo; a consciência [*conciencia*] permite-nos intuí-lo; por isso nós a chamamos de "órgão do sentido", porque o intui e nos faz sentir atraídos para essa intuição, que é um sentir e não um conhecimento racional do sentido, é aquilo que mobiliza a vontade de sentido, que faz com que tendamos para a realização do valor. Se o ser humano não acreditasse nesse sentido, como diz Frankl (2002), nem sequer poderia mover um dedo.

Nós realizamos a ação, a entrega ou a doação para o mundo, e Frankl propõe que há três caminhos diferentes (2001a, 2001b, 2003b, 2003c, 2003d, 2004, 2012): para falar do primeiro deles, farei referência a uma experiência que tive há vários anos; numa ocasião, encontrava-me com alguns amigos viajando por uma autoestrada da Georgia, nos Estados Unidos, eu estava maravilhado com as cores das árvores durante o outono, e uma pessoa do grupo diz: "Não sei o que há de tão bonito nisso, é como se as árvores tivessem sido queimadas por um lança-chamas"; ambos estávamos vendo a mesma cena, mas a forma de relacionar-nos com ela era completamente diferente; não é que ele estivesse equivocado e eu certo; eu me conectei de uma maneira e aí pude descobrir sentido, a ação estava na forma com que me entregava à experiência do mundo; a esse caminho chamamos de *valores de experiência*, é o sentido que descobrimos como uma doação do mundo para nós; para mim, os momentos em que mais me aproximo deste caminho de sentido está nos concertos, bem como nos momentos em que estou começando a experimentar quando mergulho, faço poucos mergulhos, mas são momentos que permanecem em mim como uma experiência de sentido. O segundo caminho tem a ver com aquele em que dou ao mundo; meu amigo e colega, o Dr. Efrén Martínez, em seu livro *La soledad en la cima* [A solidão no topo] (2018), fala-nos precisamente deste componente da existência e faz uma reflexão muito interessante a respeito do fato de que, durante quase toda nossa vida, preparamo-nos para poder trabalhar e que o realizaremos durante a maior parte de nosso tempo, mas algumas vezes ajudaram-nos a refletir sobre como gostaríamos de viver, se tem sentido o trabalho ou não, porque, certamente, dessa maneira viverei, e também se minha forma pessoal faz com que exista um diferenciador que me permite deixar minha marca no mundo; este caminho é chamado de *valores de criação*, quando nós nos doamos para o mundo e transformamos o mundo. E o terceiro caminho é o dos *valores de atitude*, quando nossa ação está na atitude diante do sofrimento inevitável; esta ação traz suas recompensas:

Chamamos a primeira de benefício devido ao fato de que "oferece uma alta possibilidade de sentido àquele que sofre de transformar sua própria experiência dolorosa num valor para outros, isto é, permite suportar sua dor com dignidade, tornando-se útil para outras pessoas que estão passando por uma situação similar" (Martínez, León de la Barra & Builes Jaramillo, 2018, p. 110), porque

> somente quem está convencido pode convencer outros. Somente quem, além de estar convencido de que a vida pode ter sentido, mesmo no caso de um *morbus little*, é testemunha de que este sentido foi cumprido pelo menos uma vez, pode tornar plausível essa possibilidade ao "caso" seguinte. Somente ele pode descobrir possibilidades de sentido na vida, no sofrimento do outro e despertar seu anseio de sentido (Frankl, 1994, p. 253).

Chamamos a segunda de crescimento, "o sofrimento capacita o ser humano a suportar melhor futuras dificuldades, pois ter sofrido não nos libera de voltar a confrontar-nos com os limites da existência" (Martínez, León de la Barra & Builes Jaramillo, 2018, p. 110-111), porque

> quando assumo um sofrimento, quando o faço meu, cresço, sinto um incremento de força: há uma espécie de metabolismo. A essência do metabolismo consiste numa transformação de substâncias,

> material bruto, em força. No plano humano, trata-se da transformação desse material bruto que é o destino: aquele que sofre já não pode configurar o destino externamente, mas o sofrimento capacita-o a dominar o destino a partir de dentro, transportando-o do plano do fático para o plano existencial (Frankl, 1994, p. 254).

Transportando o *factum*, o fato, a um plano superior, coloco a mim mesmo, coloco minha existência num grau superior. Isso se chama crescer (Frankl, 1994, p. 254).

A terceira é a da maturidade, na qual a pessoa consegue compreender que é sua atitude em liberdade que lhe permite enfrentar o sofrimento, já não fica no mar calmo, mas aprende a navegar mares menos calmos, até os mais fortes; isto se chama amadurecer.

> Com efeito, o ser humano que se supera, amadurece em direção à sua mesmidade. Sim, o verdadeiro resultado do sofrimento é um processo de amadurecimento. Mas o amadurecimento baseia-se no fato de que o ser humano alcança a liberdade interior, apesar da dependência exterior... Mas isto significa que o ser humano é dependente na realização dos valores criativos e vivenciais, mas é livre na realização dos valores atitudinais: livre "de" todas as condições e circunstâncias e livre "para" o domínio interno do destino, "para" o sofrimento autêntico. Esta liberdade não tem condições, é uma liberdade "sob qualquer circunstância" e até o último suspiro (Frankl, 1994, p. 254-255).

A quarta é chamada de lucidez e tem uma relevância metafísica, porque, diz Frankl (1994, p. 254-255), "o sofrimento torna o ser humano lúcido e o mundo diáfano", e continua mencionando um poema de Dehmel, que expressa este saber:

Há uma fonte que se chama dor.
Dela emana a alegria pura.
Mas quem olha para suas águas
sente pavor.
Vê no fundo do poço
sua imagem clara emoldurada na noite.
Bebe! A imagem desvanece-se.
Brota a luz.

E continua dizendo:

> "Bebe!" Assume o sofrimento. "Brota a luz": o ser torna-se transparente, o ser humano examina-o e abrem-se para ele, para aquele que sofre, panoramas de profundidade. O homem, à beira do abismo, olha a profundidade e, no fundo do abismo, descobre a estrutura trágica da existência. O que revela para ele é que o ser humano é, no fundo e definitivamente, paixão; que a essência do homem é ser sofredor: *homo patiens*. O homem faz essa descoberta além do bem e do mal, da beleza e da feiura; vive de forma *assentimental*, sem sentimentos nem ressentimentos. É uma intuição simples, pura, da verdade. O homem aproxima-se da verdade, conscientiza-se da verdade, está na verdade. E isto sem rancores nem queixas.

> Tudo isso está bem superado e ele está muito acima (Frankl, 1994, p. 256).

Precisamente estas decisões humanas que tomamos em nossa cotidianidade e na realização de valores e sentido é o que nós irradiamos no mundo, as ondas que partem de nosso ser; isso é o que permanecerá de nós depois que nosso próprio ser tenha morrido há muito tempo (Frankl, 2019).

Pensando sobre algumas situações-limite

Acompanhando na travessia da última porta

Acompanhamento de pessoas com enfermidades terminais

Um dos conflitos existenciais básicos é a tensão que se cria entre a consciência da inevitabilidade da morte e o desejo de continuar sendo.
Irvin Yalom

Uma vez ouvi um amigo mexicano perguntar: "O que é o contrário da morte?" E os presentes responderam em uníssono: "A vida". Ele disse: "Não, o contrário da morte é o nascimento; a vida é aquilo que ocorre entre o nascimento e a morte"[7]. Parece que a ideia de que a morte é o inimigo que destrói a vida é parte de nossa cultura; não conseguimos ver que a morte, como o nascimento, é parte da vida.

Ao refletir sobre o que acabo de escrever, descubro que, por algum motivo, aparece um amigo mexicano neste início e é porque no México há um dia muito importante para

7. Aulas com o Dr. Yaqui Martínez Robles em Bogotá.

sua cultura, que faz com que tenhamos presentes as pessoas que já não estão conosco, chama-se Dia dos Mortos. Durante a celebração são feitos altares repletos de uma decoração multicolorida para recordar os familiares, colocando suas fotos e inclusive seus alimentos preferidos. Daí saem esses tradicionais adornos: os crânios pintados e as *catrinas*. Nesses altares estão até os antepassados que nunca conhecemos, mas que continuam presentes pela tradição oral da família e da celebração desse dia. Desta forma, evitam que deixem de existir. Não sei até que ponto se parece um pouco com a obra de teatro *À porta fechada* de Sartre (2004), quando Garcin deixa de ouvir os que estão vivos falando dele; nesse momento, aparece a angústia de desaparecer para os outros:

> ... Já não os ouço, sabes? Sem dúvida, porque terminaram comigo. Acabou-se; o assunto tornou-se confidencial, já não sou ninguém na terra, nem sequer um covarde. Inês, estamos sozinhos; somente restam vocês dois para pensar em mim. Ela não conta. Mas tu, tu que me odeias, se acreditas em mim, tu me salvas (Sartre, 2004, p. 75).

Dessa maneira, por meio da tradição cultural e da celebração, mantêm-se vivos os membros de uma família; a morte é celebrada como parte da vida.

Na América Latina, conhecemos essa tradição por sua celebração no México. Para alguns estudiosos do tema, essa tradição existe desde antes da chegada dos espanhóis, mas, para outros, tem sua origem remota nas festas pagãs da Europa. Uma dessas festas é o *Samhain*, da cultura celta; era celebrado o fim das colheitas e o fim do "ano celta" e, segundo dizem alguns, era uma noite na qual os mortos passeavam livremente; também era uma festa de transição entre a época do verão e a chegada do período escuro ou inverno[8], entre o dia 31 de outubro e o dia 1º de novembro. Essa tradição modificou-se com a chegada do cristianismo à Irlanda, Escócia e Gália. A celebração converteu-se desde o século IV na Festa de Todos os Mártires, mas, no ano de 714, estabeleceu-se o dia 1º de novembro como o Dia de Todos os Santos. A festa de *Samhain* não desapareceu completamente e continuou sendo realizada de maneira isolada em povoados franceses da região da Gália; nessas celebrações, honravam-se os mortos com banquetes e as tumbas eram enfeitadas com flores e lanternas, dando origem à festa *Toussaint* que é celebrada entre os dias 1º e 2 de novembro, o dia 1º como festa nacional francesa do Dia de Todos os Santos e o dia 2 como a Festa de Todos os Mortos. Já que é uma festa universal e não exclusiva da religião católica, é celebrada em vários países como China, Itália e também na Europa oriental, onde se traz comida para os túmulos; em algumas culturas, são consumidas ali mesmo e, em outras, são levadas para suas casas para compartilhar em família. Segundo comenta a historiadora mexicana Elsa Malvido (1941-2011) numa entrevista no YouTube[9], a festa mexicana do Dia dos

8. É importante recordar que a época escura não está relacionada com algo satânico, mas com o período de sol, já que nessa época do ano a noite é mais longa do que o dia.

9. Canal INAH (2013). Programa especial: Entrevista a Elsa Malvido.

Mortos é uma comemoração pagã que tem origem romana; também chamam-na de "a festa dos parentes".

Hoje os cemitérios mudaram-se para fora das cidades, porém ainda permanecem alguns em seu interior; no Reino Unido, por exemplo, podem ser encontrados e chamam a atenção de um turista curioso. Se estamos em Edimburgo, é muito frequente ir caminhando por uma rua e, de um momento a outro, encontrar um cemitério no caminho, não atrás de um muro, o caminho passa pelo meio e é preciso cruzá-lo para chegar ao destino, como se estivéssemos passeando por um parque qualquer; isso, a princípio, pode parecer algo estranho para muitos de nós que vivemos em cidades onde a maioria dos cemitérios encontram-se afastados da cidade, em espaços isolados; em Londres, podemos caminhar de casa até a estação do "*tube*"[10] e ser obrigados a atravessar um cemitério. Investigações antropológicas e arqueológicas mostram que os mortos eram enterrados nas imediações do lar, mas, na Índia e no Tibete, desde tempos remotos, surgiu a *cremação* para devolvê-los ao vento; o "enterro" na visão cristã medieval e posterior, experimentou uma mudança ao passar dos templos aos cemitérios próximos; quando os cemitérios deixaram de ser monopólio da Igreja, foram tomados pelo Estado e, dessa maneira, afastaram-se para a periferia. Além disso, na América Latina e na Europa, há cemitérios divididos por religiões, outra área para os não católicos e uma mais afastada para os suicidas[11].

10. Metrô subterrâneo de Londres.

11. Correspondência pessoal com o Dr. Guillermo Pareja Herrera.

Todas essas situações nos fazem refletir sobre a forma como, para algumas culturas, a morte faz parte da vida e não a veem como algo alheio à existência humana. Mas isto não é novidade porque, no Ocidente, desde os gregos, já fazia parte de seu *pensar o não pensado*; para eles, a filosofia seria convertida num caminho de preparação para a chegada do limite: "para aprender a viver bem, primeiro é preciso aprender a morrer bem" era a proposição de Sócrates, que se encontra nas obras de Platão. Não era o único que falava sobre isso; os romanos também pensavam algo similar e pode-se encontrar em Sêneca quando afirma: "Nenhum homem desfruta plenamente o verdadeiro sabor da vida senão aquele que está disposto e preparado para abandoná-la". Essas descobertas aumentaram a curiosidade por um aspecto da existência, que era novo para mim. O de visitar cemitérios, que também pode ser realizado na América Latina.

A primeira vez que o fiz foi no Cemitério da Recoleta, em Buenos Aires, num primeiro momento para visitar o túmulo de Eva Duarte de Perón, porque me fazia recordar a minha infância e, num momento em particular, sentado no colo de meu pai, ele me explicava, enquanto ouvíamos a música de "Evita"[12] ao fundo, o que ocorria nesta ópera *rock*. Essa experiência gerou em mim uma primeira inquietude sobre a forma como nos relacionamos com a morte, mas meu interesse centrou-se mais em como o sentido da vida pode afetar a forma como assumimos a chegada do limite.

12. É uma ópera *rock*, com música de Andrew Lloyd Webber e letras de Tim Rice.

Pude refletir sobre isso no Cemitério Père Lachaise, em Paris: nesse cemitério encontram-se personagens muito importantes da história, artistas, filósofos e pessoas comuns. Daí surgiram em mim outras perguntas: Se todos compartilhamos o mesmo fim, isso faz com que todos sejamos iguais? A morte romperia a unicidade? E a resposta foi que não, que precisamente a morte é essa situação que nos leva finalmente a ser únicos e irrepetíveis, que cada um de nós chegaria a esse momento de uma maneira distinta e que nossa lembrança seria também diferente, que, embora todos compartilhemos esse destino, esse destino não nos tornaria parte da massa, mas faz com que possamos nos diferenciar; em outras palavras, parafraseando Nietzsche: poder ser o mais eu possível; por isso, poder-se-ia dizer que, quando uma pessoa se encontra chegando ao umbral do fim de sua vida, realizará um rápido balanço sobre o que foi sua existência e, nesse momento, justamente aí, experimentará o inferno ou o paraíso.

Sobre as perguntas colocadas anteriormente, se a morte nos unifica ou nos diferencia, é interessante que, no plano fisiológico e da reciclagem do carbono que nos constitui, está a sabedoria africana que diz: "... não te espantes que os brancos e os negros não se distingam, todos os ossos são brancos" e "todos os sangues são vermelhos", dito pelo poeta, antropólogo e etnologista peruano José María Arguedas; é claro que essas semelhanças estão somente no plano mencionado[13].

13. Correspondência pessoal com o Dr. Guillermo Pareja Herrera.

Destas reflexões, surgem dois aspectos importantes na hora de acompanhar as pessoas que estão próximas da morte: o primeiro é o apoio à pessoa que enfrenta sua finitude e o outro, aos familiares e amigos; ambos os caminhos não constituem vias separadas, mas estão se cruzando e fazem parte dessa relação entre o ser e o mundo.

Um olhar para a morte a partir da logoterapia e análise existencial

A logoterapia tem uma base na filosofia existencial e esta tem um interesse amplo nos aspectos da existência humana e um desses é a morte. Frankl afirmou que a logoterapia é uma psicoterapia centrada no sentido, por isso afirma que o ser humano é um buscador do sentido de sua existência, que o descobre no mundo apesar do enfrentamento diante da tríade trágica, que se compõe de sofrimento, culpa e morte (Frankl, 1994). No mesmo livro, Frankl faz referência a uma carta que Rilke escreveu para a Condessa Sizzo: "Aquele que não aceita de uma vez com resolução, inclusive com alegria, a dimensão terrível da vida, nunca desfrutará dos poderes inefáveis de nossa existência, ficará marginalizado e, na hora da verdade, não estará nem vivo nem morto".

Para muitas pessoas, a ideia da morte é uma das maiores dificuldades que devem enfrentar em suas vidas; fantasiar com a possibilidade da imortalidade converte-se, em muitas ocasiões, numa solução para seus temores, mas se os seres humanos fossem imortais, poderiam adiar cada um de seus atos eternamente, não teriam o menor interesse em realizá-los exatamente neste momento porque podem esperar outra ocasião (Frankl, 2001c). A mortalidade torna-nos conscientes de sua precariedade; Borges já expressava isso em seu conto *O imortal*:

> Cada ato que executam pode ser o último... Tudo entre os mortais tem o valor do irrecuperável e do imprevisível. Por outro lado, entre os imortais, cada ato (e cada pensamento) é o eco de outros que o antecederam no passado, sem princípio visível, ou o fiel presságio de outros que o repetirão no futuro até a vertigem... Nada pode ocorrer só uma vez, nada é preciosamente precário.

Anteriormente, comentava que a morte, apesar de ser um destino que todos compartilhamos e, de certa maneira, parecia que nos igualava a todos, é ela mesma que faz com que todos sejamos diferentes; sem a finitude da temporalidade, não poderíamos nos diferenciar dos demais. Por isso considero que, nesse conto de Borges, expressa-se o perigo da imortalidade quando diz: "ser o eco de outros", porque a pessoa[14] não é esta nem aquela, não é um si-mesmo, nem algumas pessoas, nem a soma de todas, a pessoa é impessoal e converte-se em um *si*; desta forma, dissolve-se completamente no modo de ser *dos outros*, com a grave consequência de que os outros também desaparecem; o *si* não é ninguém determinado e ao

14. No texto original de *Ser e tempo*, Heidegger usa seu conceito de *Dasein*, que nestes parágrafos foi substituído intencionalmente pelo autor por "pessoa" ou "ser humano".

mesmo tempo são todos (Heidegger, 2009), convertendo todos em parte de uma massa. Desta maneira, sempre o *si* já antecipou todo juízo e decisão e, ao mesmo tempo, despoja cada ser humano de sua responsabilidade (Heidegger, 2009), porque a massa somente reconhece a utilidade do ser humano, mas nunca seu valor e dignidade (Frankl, 2001c).

Mas, como nos propõe Heidegger (2009), o *si* faz parte deste ser humano e sua força e expressão podem variar com a própria história da pessoa; porque no *si* também se encontra a possibilidade de ser um *si-mesmo*, que deve chegar a ser encontrado. Desta maneira, compreende-se que é o próprio ser humano que encontra a possibilidade de chegar a converter-se em um *si-mesmo* e deverá oferecer-nos, em seu ser, a possibilidade e o modo de sua existência *própria*, porque esta não foi dada, nem imposta; pois bem, o testemunho de um poder-ser próprio está dado pela consciência... portanto, o querer-ter-consciência dá-se em um poder-ser próprio do ser humano. Essa possibilidade de querer-ter-consciência tende, por seu sentido de ser, a determinar-se porque o ser humano está encarando a morte.

Em outras palavras, em cada um de nós está a possibilidade de ser parte da massa ou poder arriscar a ser nós mesmos; mas, para chegar a ser diferente dos demais, é preciso atrever-se a ser consciente de si mesmo e isso implica ter consciência de nossa própria mortalidade; porque uma reflexão sobre *morrer* diz mais sobre o *viver* do que sobre a própria morte... por isso a própria análise da morte mantém-se *no mais aquém*, na medida em que a interpretação do próprio fenômeno torna-se presente em cada ser humano (Heidegger, 2009). As formas de tornar-se presente podem ser a consciência da morte ou a busca para evitar tal consciência; a primeira levaria à possibilidade de ser um *si-mesmo* e a segunda, de ser um *si*, convertendo-se, como dizia Borges: "no eco de outros".

Mas como podemos relacionar a consciência da morte com a responsabilidade? Pois, como diz Frankl (2001c), a finitude, a temporalidade, não somente são características da vida humana, mas, além disso, são o fator constitutivo do sentido da vida. O sentido da existência humana baseia-se precisamente em seu caráter irreversível. Somente poderemos compreender a responsabilidade da vida de um ser humano se a entendermos tendo em vista o caráter temporal da vida, que somente se vive uma vez. Isto é, a morte converte-se numa nova pergunta que a vida nos faz e sua resposta revela-se na possibilidade da descoberta de uma experiência com sentido, que dá um caráter único a cada ser humano, e o fato de que somente se vive uma vez é um fator constitutivo do sentido da vida (Frankl, 2001c).

Frankl e "cura médica de almas"

Como sabemos, a logoterapia tem dois caminhos de intervenção, a logoterapia inespecífica e a específica. Na primeira, o logoterapeuta dirige suas intervenções para a dimensão espiritual, buscando mobilizá-la e, dessa maneira, remover a restrição do psicofísico (Frankl, 1994); esta é propriamente a psicoterapia, que é quando se trabalha com problemas de origem psicológica. Na segunda, orienta-se a dimensão espiritual para a descoberta de valores e sentido; este é um campo de trabalho mais amplo em temas relacionados com o sentido da vida e também no acompanhamento de pessoas que enfrentam a tríade trágica: culpa, sofrimento e morte; e, dentro dos possíveis caminhos de intervenção, encontra-se a "cura médica de almas". Há profissionais que se dedicam a este campo do acompanhamento, mas pode-se considerar que é importante que todos possamos ter este conhecimento, porque todo profissional da saúde deve saber consolar uma alma (Frankl, 2001c).

O nome que Frankl propõe de "cura médica de almas" pode levar-nos a confusão[15], mas, ao ter claro que a palavra "alma", neste caso, refere-se a um conceito filosófico, podemos continuar com esta proposta, que é das mais vanguardistas de Frankl em sua época, porque não ficou no curar, mas foi além, propondo acompanhar e consolar as pessoas em seu sofrimento; para ele, as dificuldades não eliminam

15. Em geral, o conceito "alma" associa-se a temas religiosos, mas também é um conceito filosófico; segundo o *Dicionário de Filosofia Ferrater Mora*, podem ser encontradas diversas definições: para os gregos pré-socráticos, a ideia de alma como alento, hálito, expiração, sopro etc., é por acaso a mais comum. E.B. Tyler indicou que pode ser encontrada "nas principais correntes da filosofia universal". O vocábulo "alma" também tem sido usado por vários autores contemporâneos (Jaspers, Scheler, Ortega y Gasset etc.). Tais autores propõem que a "alma" é a "sede" dos atos emotivos, dos afetos, dos sentimentos etc.

o sentido da vida, mas dão a possibilidade de descobrir um novo. No caso de pessoas que enfrentam a morte, dir-se-ia que as estamos acompanhando nos últimos auxílios (Frankl, 2001c), porque, até o último minuto, pode-se descobrir e realizar um sentido.

A "cura médica de almas" tem como objetivo guiar o enfermo até a vivência de sua responsabilidade (Frankl, 2001c), tornando-o consciente do "para quê" e do "ante quem" de sua responsabilidade; desta maneira, acompanhá-lo na compreensão de suas respostas a situações particulares, que permitiram revelar os caminhos de sentido que foi descobrindo e realizando, para converter-se em alguém único e insubstituível; e, parafraseando Frankl (2001c), ver o passado e ter consciência da despensa cheia de vida vivida, poder chegar ao instante final com a certeza que sua existência teve sentido.

De acordo com o que foi dito anteriormente, o acompanhamento não se centra na classe de descoberta que a pessoa tenha, mas em que esta pessoa possa descobrir, reafirmar o que foi sua vida até o momento final; assumir sua responsabilidade. A "cura médica de almas" pode ser trabalhada em casos de culpa, sofrimento e morte, mas o motivo central deste escrito é o acompanhamento diante da morte; falaremos sobre o trabalho com pacientes, suas famílias e amigos.

Da "cura médica de almas" à tanatologia

Frankl apareceu com uma proposta interessante, mas esta não teve um grande desenvolvimento dentro da própria logoterapia; contudo, suas ideias puderam ser relacionadas com o crescente interesse pelos chamados "asilos" ou "albergues" para enfermos de câncer e a busca da melhoria da qualidade de vida do enfermo e seus familiares, que encaram a morte, surgindo um novo campo de estudo e aplicação que se conhece como tanatologia.

A tanatologia é definida pelo Instituto Mexicano de Tanatologia[16] como uma disciplina científica que se encarrega de encontrar o sentido no processo da morte, seus ritos e significado. Por isso, a tanatologia também pode desenvolver-se a partir da logoterapia; além disso, como transmissores do pensamento de Frankl, faz parte de nosso compromisso seguir ajudando na sua evolução.

Os diferentes tipos de morte

Marcos Gómez Sancho é um médico espanhol especialista em cuidados paliativos[17] que, em seu livro *Morir en paz: Los últimos días de vida* [Morrer em paz: os últimos dias da vida], descreve as quatro mortes que acompanham o processo: morte social, a psicológica, a biológica e a fisiológica. De passagem, durante este processo, farei o trabalho de aproximar essas reflexões a conceitos mais existencialistas.

---

16. Instituto Mexicano de Tanatología, A.C.: http://tanatologia.org.mx/que-es-tanatologia/.

17. Estão focados em alcançar a máxima qualidade de vida e atividade nos pacientes terminais, sem tentar limitar nem prolongar a vida, procurando aliviar a dor e outros sintomas estressantes. Por sua vez, na tanatologia, integram-se os aspectos psicológicos e espirituais na aplicação dos cuidados, considerando ativamente a família do paciente, tanto durante o processo como no luto.

Morte social

O conceito de morte social também se encontra no livro *Antropología de la muerte* [Antropologia da morte] de Louis-Vincent Thomas e é definida pelo autor como uma morte que se apresenta antes da pessoa ter dado seu último suspiro, quando uma pessoa deixou de pertencer a um dado grupo (Thomas, 2015). O conceito neste autor é muito mais amplo do que o usado por Gómez Sancho, que se centra nas pessoas que enfrentam a morte devido a uma doença terminal.

Durante o processo de cronicidade, vai-se separando o enfermo das outras pessoas ou ele mesmo pode ir afastando-se; isto pode ocorrer dias, semanas ou meses antes do fim, como se já estivesse morto; em certas ocasiões, o abandono pode ser tão grande e insuportável que a chegada da morte pode parecer uma liberação (Gómez Sancho, 2017).

Esclarecimentos existenciais sobre a "morte social"

Para abordar a morte social e compreendê-la a partir do existencialismo, é necessário primeiro retomar o pensador Martin Heidegger para refletir sobre o social a partir deste modo de pensamento.

Heidegger (2009) propõe-nos que cada um de nós é um ser-no-mundo, de modo que se poderia dizer que eu sou uma relação (permanente) com o mundo, não existo afastado do mundo; com isto, propõe que não podemos compreender-nos alheios ao mundo, porque não somos isolados deste e que nos compreendemos a partir de nossa relação com o mundo, sendo este um entrelaçado de relações com tudo que existe nele, inclusive com os demais, porque estar no mundo é um coestar, somos coexistência, e esse coestar determina o ser-no-mundo (Heidegger, 2009). Com isto, queremos dizer que nossa existência está em relação e que essa relação é possível devido ao fato de que temos um vínculo com o mundo; essa disposição afetiva nos faz estar *no* mundo; portanto, quando o ser muda, o mundo muda e quando o mundo muda, o ser muda.

Nessa relação com o mundo, como vimos num primeiro momento, o ser primeiro é um *si* que não se diferencia dos outros, mas ao tomar consciência de sua finitude e apropriar-se dela, começa o processo de diferenciar-se e ser um *si-mesmo*, tornando-se ele mesmo na relação com o mundo; os outros são diferentes dele mesmo e pode diferenciar-se deles. Para conseguir isso, torna-se dono de sua própria *dupla transcendência* (Frankl, 1999) porque é relação direcionada para o mundo e para si mesmo; é um descobrir-se quando sai de si e encontra-se em sua relação com os outros, em sua transcendência como ser que existe, que emerge, que sai ao encontro com o mundo, para retornar a si e poder dizer "este sou eu" como um *si-mesmo*. A dupla relação que experimentamos com o mundo é parte fundamental na construção do *si-mesmo* e para poder experimentar-nos como autônomos ao ter conseguido diferenciar-nos dos outros (Laing, 2014).

Como vemos, o ser humano está em relação com o mundo e nunca pode estar afastado dele; portanto, acredito que, a partir do existencial, falar de uma morte social é contraditório, porque somos relação com o mundo. Os estudiosos da tanatologia e dos cuidados paliativos, em geral, adotam uma visão do ser humano biopsicossocial, enquanto, na logoterapia, fala-se de um ser humano biopsicoespiritual, onde o ser humano é intramundano, está no mundo e é relação com o mundo. O social não é uma dimensão do ser humano, mas significa que o ser humano está no mundo, habita o mundo e, a partir dele, realiza-se. Dessa maneira, podemos dizer que o coestar define o ser humano, inclusive quando não há outro ser humano que esteja aí ou que seja percebido; estar só é uma maneira deficiente[18] do coestar (Heidegger, 2009), porque estar só não está relacionado com a ausência de alguém; pode-se estar só rodeado de outros seres humanos.

Dilemas da morte social

Com a aparição dos asilos, começou-se um processo de afastar os enfermos terminais de seus lares e converteu-se num padrão para muitas enfermidades crônicas e terminais. Parece que as famílias não contam com as habilidades e ca-

---

18. Incluo a citação completa como esclarecimento: O coestar determina existencialmente o *Dasein* inclusive quando não há outro que esteja facilmente aí e que seja percebido. Também o estar só do *Dasein* é um coestar no mundo. Tão somente *em* e *para* um coestar pode *faltar* o outro. O estar só é um modo deficiente do coestar, sua possibilidade é a prova deste. Por outro lado, o fato de estar só não é suprimido porque um segundo exemplar de homem ou dez deles se façam presentes "juntos" a mim. Mesmo que tudo isso e muito mais estejam-aí, ainda o *Dasein* poderá seguir estando só. O coestar e a facticidade do conviver não se funda, portanto, num encontrar-se junto a vários "sujeitos".

pacidades para ajudar as pessoas nessa situação e em outros casos e, por vergonha, buscam afastá-las do lar.

Hoje em dia, tem-se dado muita importância ao alívio das dores físicas dos moribundos; a dificuldade apresenta-se quando isso ocorre exclusivamente nas internações hospitalares, porque há tantos pacientes que a pessoa se converte em um ser anônimo recebendo um tratamento impessoal (Gómez Sancho, 2017). Quando se busca o cuidado dos enfermos terminais, dá-se mais importância aos cuidados paliativos, o que significa que se está supervalorizando a dimensão biológica, esquecendo que o ser humano é tridimensional. Em algumas instituições, ao serem conscientes dessa supervalorização, podem acrescentar um trabalho que chamam de "espiritual", colocando aulas de ioga ou meditação, mas deixando de lado as outras duas dimensões franklianas, que não somente são a possibilidade de falar do que vivem, mas também são a possibilidade de sentirem-se pessoas que ainda estão vivas e que seguem estando presentes para os parentes próximos. Em sua vida, descobriram sentido nas múltiplas relações que viveram. Recordemos que a construção do *si-mesmo* se dá na relação com o mundo; por isso, pode começar a fragmentar-se sua experiência de identidade como consequência deste isolamento. A pessoa experimenta o que Yalom (2008) chama de solidão cotidiana: não somente aqueles que estão com boa saúde tendem a evitar a presença do moribundo, mas também este começa a contribuir com o processo de isolamento, preferindo calar para não os levar a seu macabro mundo de proximidade da morte. Para evitar essa solidão, pode-se trabalhar com a família e os amigos.

Primeiro falaremos de como os amigos deixam de visitá-lo; eles sentem que "não sabem o que lhe dizer"; isto soa duro, mas muito real e é aí onde entra o trabalho da "cura médica de almas", que também pode acompanhá-los e, dessa maneira, ajudá-los a compreender que o enfermo não espera "que lhe digam algo", o único que espera é ser visitado, que o acompanhem durante um tempo, que segue sendo o amigo de antes e que ainda está vivo (Gómez Sancho, 2017); compreender que a melhor ajuda a quem enfrenta a morte é algo tão simples como a presença dos outros... às vezes sacrificar-se pelos outros é a essência da compaixão e esta disposição é parte da tradição curativa durante séculos (Yalom, 2008). O trabalho com as amizades também é uma forma de *acompanhar* o moribundo para que continue sentindo-se como alguém que ainda está presente, convertendo-se numa forma de agradecer sua presença porque sua amizade permitiu descobrir experiências de sentido na vida deles, acompanhá-lo para que entre em ressonância com os valores de experiência, porque foram construídos também com nossas amizades, já que "não nos movemos no vazio nem ficamos isolados, mas vivemos em correspondência cujas demonstrações mais fascinantes foram as correspondências amorosas" (Lukas, 2002); com esse tipo de acompanhamento, o moribundo, ao recordar os depósitos de experiência carregados de sentido (Frankl, 2002), pode trazer para sua consciência [*conciencia*] o valor de sua existência, que se funda em seu passado.

Com o tempo, vamos deixando de notar o muito que as pessoas às quais nossa existência está referida intensificam-na e nos fazem felizes, e o triste é que, muitas vezes, quando temos que nos despedir delas, voltamos a dar-nos conta de sua singularidade (Lukas, 2002); isto também costuma ocorrer de maneira mais intensa com as famílias. Quando elas têm que conviver com a experiência da proximidade da morte de um de seus membros, em vez de aproveitar esse momento para fazê-lo conhecer todos os sentidos vividos em sua companhia, as famílias centram-se no fato de que não sabem com certeza com que palavras enfrentar essa situação relativamente pouco conhecida de um familiar que se encontra nas proximidades de seu fim (Gómez Sancho, 2017). O que se sabe é que nem sempre é fácil mostrar para as pessoas que estão a ponto de morrer que não perderam seu significado. A distância produz a sensação de que, embora ainda esteja viva, apenas significa algo para os que a rodeiam; aí é onde essa pessoa sente-se verdadeiramente sozinha. Assim como os amigos, a "cura médica de almas" apoia a família durante o acompanhamento de quem está perto da morte. O maior serviço que pode ser oferecido a alguém que está em seus últimos dias é oferecer-lhe sua presença (Yalom, 2008); transmitir-lhe que "por mais terror que sinta, nunca vou evitá-lo nem o abandonar" (Yalom, 2008), demonstrar-lhe que segue estando presente também nestes momentos difíceis e, por que não, fazê-lo saber que depois de sua partida continuará existindo em cada um de seus familiares.

As relações que foram vividas com os familiares e amigos fazem com que a morte não anule a existência de uma pessoa que foi amada, porque a morte somente desintegra a existência espacial-temporal, isto é, sua presença corpórea, mas jamais anula o que transcendeu a experiência; é algo que está subtraído do espaço e do tempo e, nesse sentido, é imperecível (Frankl, 2001c); porque na memória é onde preservamos as experiências significativas, na memória são narradas como uma história (May, 1992). Isto poderia levar-nos a considerar que nossa lembrança seria mantida até que a última pessoa que nos conhece tenha morrido, mas vai muito mais além, é um dizer-lhe que a relação que vivemos permitiu que incorporássemos uma parte dele, que nos transformou e enriqueceu e que vamos transmiti-la a outros... dessa maneira, fazê-lo saber que continuará existindo através da realização de valores e ações, que se propagam como ondas concêntricas pelas gerações vindouras (Yalom, 2008). Também é eterno porque, quando os realizamos, isso transforma não somente nosso mundo e o mundo dos outros, mas também transformará o mundo de quem nunca conheceremos, nem eles a nós, porque o que nós irradiamos no mundo, que parte de nossa forma de relacionar-nos, permanecerá depois de termos deixado o mundo (Frankl, 2019).

Como recomendação final, lembre-se de que, seja você familiar, amigo ou terapeuta, arrisque-se, aproxime-se à sua maneira. Fale-lhe a partir do coração, revele-lhe seus próprios temores; todas essas ações vão ajudá-lo a sentir-se reconfortado (Yalom, 2008), mas, principalmente, sentir-se ainda vivo.

Morte psicológica ou aceitação existencial da chamada final

É importante que não a confundamos com a aceitação de reconhecer-nos como seres mortais e que algum dia morreremos. A morte psicológica é o conhecimento real da proximidade da morte, não necessariamente é causa de sofrimento, porque pode ser experimentada com serenidade e aceitação (Gómez Sancho, 2017). É o conhecimento real de que estamos chegando ao momento final; isto pode ser vivido com meses de antecipação ou poucos minutos antes de morrer.

Dilemas da morte psicológica

Os dilemas diante da morte psicológica convertem-se em outro campo de trabalho para a "cura médica de almas".

Primeiro falaremos de um dos dilemas que é quando a chegada é experimentada com temor. Parece que, uma e outra vez, relaciona-se com o grau de vida que não foi vivido (Yalom, 2015), porque, somente quem não soube preencher seu tempo com sentido, pode temer o fim

(Frankl, 2001c). Isto pode confundir-se com não ter vivido a vida, não ter encontrado sentido, mas não necessariamente se refere a isso. Um dos casos de temor poderia ser o de ter tarefas pendentes a realizar. À pessoa que sente a necessidade de completar todas as possibilidades do horizonte, devemos acompanhar na aceitação do limite e da insegurança de nossa vida, como algo inerente a ela própria, aceitar que nem sempre conseguirá fazer com que tudo esteja acabado, que, em geral, faltará algo (Yalom, 2015). Esse terror pode estar relacionado com a quantidade de tempo vivido, como o ter desejado mais tempo de vida, mas não necessariamente é a duração de uma vida o que determina se teve um sentido ou não (Frankl, 2001c), a chave não é a quantidade de tempo, mas *como* a preenchemos de valores realizados em cada encontro, porque, a cada momento, estamos na possibilidade de descobrir sentido no mundo; há vidas muito longas, mas com pouca profundidade de sentido, enquanto há outras curtas que têm mais profundidade, sua duração não se relaciona então com a falta de sentido. Ao retomar este ponto, é importante ter em conta que talvez não haja tempo de finalizar o que nos espera, mas, se se tem a oportunidade, deverá ser realizada uma lista de prioridades, porque, além da aceitação da chegada do limite da morte, também é importante acompanhá-lo para que trabalhe no fato de que somente podemos fazer o que nossa capacidade humana nos permite (Martínez, 2014); ao ser conscientes do limite, da possibilidade de renunciar, é o momento de decidir que tarefas podem ser realizadas; recordemos que cada ser humano é incompleto, mas cada um é incompleto à sua maneira (Frankl, 2019).

Quando o temor se apresenta porque se sente que não aproveitou a vida, que sua existência foi carente de sentido, nosso trabalho é ajudá-lo a descobrir os caminhos que realizou, enquanto vai apropriando-se da ideia de que cada ser humano tem algumas missões a cumprir na vida, embora não as tenha visto e que necessariamente são suscetíveis de serem cumpridas (Frankl, 2002). Uma forma de acompanhá-lo neste processo é a utilização da técnica da derreflexão, na qual buscamos mobilizar o recurso da autotranscendência (Frankl, 2001b). Essa técnica terapêutica aparece como resposta à chamada hiper-reflexão (Frankl, 1994, 2001b, 2001c, 2003d, 2012, 2014). Trata-se de orientar a pessoa para que utilize o recurso de autotranscendência para o mundo dos valores e do sentido. O processo pode ser levado a cabo de maneira grupal ou individual de uma maneira similar. Neste exercício, compartilhamos momentos do passado que geraram sentido, principalmente alegrias próprias ou alheias, que lhe trouxeram momentos de felicidade na vida (Martínez, Camacho, Flórez, Riveros, Rodríguez & Castellanos, 2015). Este exercício irá diminuindo a hiper-reflexão e fará também um ecoar, revelando um passado vivido e com sentido. Como passo seguinte a essas experiências, poderemos ir organizando com a pessoa as três categorias de valores propostas por Frankl (2001c): valores de criação, de experiência e de atitude. Com essa organização, a pessoa toma consciência de sua descoberta de sentido nas coisas que o mundo lhe deu e nas que ela trouxe para esse mesmo mundo e o sentido que descobriu na atitude que expressou nos momentos de sofrimento dos quais saiu fortalecida. Gosto de recomendar às pessoas, quando trabalhamos sobre isto, que as organizem por categorias, por exemplo: ser pai, ser cônjuge, ser filho, ser irmão, ser docente, ser advogado, ser tio, ser viajante etc.; essas categorias definem-nas com quem se encontram trabalhando. Esse mapa permitirá à pessoa descobrir que em sua vida existiu sentido e que foram múltiplos os caminhos onde o pôde experimentar.

Outro dos dilemas na morte psicológica é que sua família ainda não está preparada para esse momento e não aceitam de maneira harmônica o fim de seu ser querido. A resposta da família, em geral, é um convite a continuar lutando; o dilema cai na naturalidade da chegada da morte; para que as coisas ocorram calmamente, o enfermo necessita da "permissão" de seus familiares para morrer (Gómez Sancho, 2017). Nesses momentos, a "cura médica de almas" concentra-se em acompanhar as famílias no processo de liberar, principalmente porque o enfermo espera também a permissão deles. De acordo com a afirmação do médico espanhol Gómez Sancho (2017), com base na experiência, torna-se evidente que, até certo ponto, as pessoas podem decidir o momento de sua morte; tudo depende de situações familiares, como a espera de um reencontro, a celebração de uma festa; qualquer evento significativo para eles pode adiar seu momento final; ele continua dizendo que há estudos no Reino Unido que mostram como, com a chegada do milênio, o número de mortes aumentou em 65% na primeira semana do ano, enquanto, em Nova York, o aumento na mesma semana foi de 51%. Segue dizendo que os mecanismos que permitem adiar a morte são um mistério; contudo, esse fenômeno encontra-se documentando.

Durante a aceitação da morte psicológica, a pessoa pode estar preparada, com uma atitude serena em que ainda ambos os momentos falam; durante a morte psicológica, a morte é superada sem ser desprezada, porque acolhemos a morte em vida (Jaspers, 1959).

Morte biológica

O conceito da "morte biológica" também se encontra presente no citado *Antropología de la muerte* [Antropologia da morte] de Louis-Vincent Thomas, um dos livros emblemáticos das pessoas que desejam trabalhar na tanatologia. No capítulo referente à "morte biológica", comenta a evolução que houve na compreensão da morte, no decurso da história e da cultura.

Na morte biológica, o organismo, como entidade humana, já não existe, porque não existe a consciência, como no caso de coma irreversível (Gómez Sancho, 2017). O coração e os pulmões funcionam com suportes artificiais.

Dilemas da morte biológica

A morte biológica é um dos maiores geradores de dilemas morais. Há alguns anos, foi bem famoso o caso do músico argentino Gustavo Cerati, que permaneceu quatro anos em coma; foi mantido nesse estado, sem consciência, conectado a suporte artificial a pedido da família. Esse tipo de caso coloca em evidência os dilemas morais dessas situações: pessoas que voltaram do coma depois de vários anos ou pessoas que ficaram durante anos sem nenhuma manifestação de melhoria. Isto gerou uma série de debates em torno da morte biológica; neste trabalho, não estamos tomando uma posição diante dela, mas estamos fazendo um reconhecimento desse momento no processo de morrer.

Existem três diferentes níveis de coma (Thomas, 2015): 1. o coma com estado vegetativo transitório: existe uma curta ausência de oxigênio e o cérebro é capaz de recuperar-se, contudo o quadro clínico é grave; 2. coma excedido ou irreversível: caracterizado pela sobrevivência artificial sem esperança de recuperação; 3. coma prolongado: frequentemente, depois de um coma excedido ou irreversível, restabelece-se o funcionamento dos sistemas respiratório, cardíaco, digestivo e urinário, mas a alimentação segue sendo dada de maneira artificial.

O dilema passa pela possibilidade de negação da morte por parte da família e é fonte de discussões entre a ética e a medicina; em muitas ocasiões, a passagem de um coma excedido ou irreversível a um prolongado dá maiores esperanças de que a pessoa volte a despertar. Essas situações extremas podem aumentar os problemas de cuidado com a pessoa em estado de coma, aumentando as dificuldades no luto pela perda não aceita (Gómez Sancho, 2017).

Morte fisiológica

É a chegada do momento definitivo, a realização da situação-limite da morte, é o momento em que deixamos de ser interrogados pela vida, e entram na solidão tanto a pessoa que morre como aquelas que ficam (Jaspers, 1959), porque é uma experiência íntima na relação do ser-no-mundo sobre o sentido da vida de cada um. O que ocorre é que os órgãos vitais como coração, pulmões e cérebro não funcionam mais (Gómez Sancho, 2017). Com a chegada do momento final, "sofro a morte, mas nunca a experimento" (Jaspers, 1959), porque nosso maior temor não é o estado de não existência. Como diz Epicuro: "O estado de não existência não é aterrador porque não saberemos que não existimos".

Para finalizar, podemos recordar as palavras de Frankl: na morte, o ser humano não tem vida, mas, por outro lado, é vida. E a vida que foi e que é agora já não nos questiona; pois sabemos que o ter existido é a melhor forma de ser (Frankl, 2002).

A título de conclusão

O que podemos concluir é que todos compartilhamos um mesmo fim, podemos negar ou aceitar a angústia que é própria de nós, os humanos, como seres mortais. Mas quando chega a situação-limite da morte, a forma como chegamos a ela e a forma como somos recordados, faz com que, aquilo que nos iguala, diferencie-nos uma vez mais. É importante aprender mais sobre a forma como nos relacionamos com a morte, porque faremos dessa passagem uma experiência mais próxima e menos complicada para as pessoas que a vivem.

Compreendendo o sofrimento como limite para a existência possível

É uma bênção que não saibamos o que realmente vai acontecer. Podendo prevê-lo, há ocasiões em que as crianças pareceriam prisioneiras condenadas, não à morte, mas à vida, e, até esse momento, totalmente inconscientes do que a sentença significa.
Arthur Schopenhauer

Quando se lê a obra de Viktor Frankl, encontra-se uma grande quantidade de filósofos que influíram em seu pensamento e com os quais conseguiu realizar uma integração que deu origem à logoterapia. Em sua obra e em sua filosofia, podem ser identificados facilmente os matizes que deram origem a suas ideias. Entre os filósofos mais próximos, encontramos Johann Wolfgang von Goethe, Max Scheler, Edmund Husserl, Martin Heidegger e Friedrich Nietzsche. No presente capítulo, aproximamo-nos de uma compreensão do sofrimento e, particularmente, observamos a relação teórica entre Frankl e Nietzsche.

Em geral, a relação entre Frankl (1905-1997) e Nietzsche (1844-1900) reduz-se à já célebre frase do filósofo à qual se faz referência constantemente: "Quem tem um *para quê* viver, pode superar quase qualquer *como*" (encontra-se no capítulo "Sentenças e dardos" de seu livro *Crepúsculo dos ídolos*)[19]. Contudo, a relação entre esses dois pensadores vai além dessa frase que nos aproxima de sua obra. Nessa sentença, descobre-se no "para quê" a proximidade com o tema do sentido da existência, que era importante para ambos os autores; mas, no "como", descobrem-se diferentes relações; a que interessa neste momento é a que surge com outro tema central na teoria de Frankl: o sofrimento humano. Ambas as biografias são marcadas por experiências de sofrimento com as quais aprenderam a conviver, conforme é relatado na breve história de cada um deles que mencionamos a seguir.

Nietzsche e Frankl, uma relação humana, demasiado humana

Viktor Frankl teve a possibilidade de ser testemunha de duas épocas relevantes na memória da humanidade: a primeira metade do século XX e as duas guerras mundiais. Embora a primeira não tivesse que experimentar de igual maneira e

---

19. A sentença é a seguinte: "Se se tem um porquê da vida, é fácil condescender com os como. O homem não tende à felicidade; somente os ingleses dedicam-se a isso" (Nietzsche, 2003, p. 27).

intensidade que a segunda, deixou lembranças em sua vida. Em seu livro *O que não está escrito nos meus livros – Memórias*, conta-nos que sua família tinha dificuldades econômicas e que ele devia pegar fila desde as três da madrugada para receber provisões alimentares até ser substituído por sua mãe às sete e meia da manhã para poder ir à escola (Frankl, 2006). Durante a Segunda Guerra, sua história é muito mais conhecida, devido à sua permanência no gueto de Theresienstadt[20] e nos campos de concentração nazistas.

Viktor foi liberado em 27 de abril de 1945; poucos dias depois, em 3 de maio, enviou uma primeira correspondência ao casal Börner: "Liberado do campo de concentração, são, graças a Deus, mãe e esposa transferidas. Sem notícias. Viktor" (Frankl, 2019, p. 39). Ao sair do campo de concentração, não tinha notícias sobre sua família, dentro dele guardava a esperança de voltar a encontrá-las com vida.

Ao ser libertado, foi transferido para um hospital militar perto de Munique, em Bad Wörishofen; dali escreve uma nova carta ao casal Börner datada de 15 de junho de 1945:

> Os americanos libertaram-nos do dia 27 de abril. (Imediatamente antes, eu tinha tentado fugir aproveitando o momento que tinha para enterrar do lado de fora da cerca um dos muitos cadáveres.) Em muito pouco tempo engordei vários quilos; nos primeiros dias, tudo era como um sonho, não podia alegrar-me com nada – acredite em mim, eu

20. Theresienstadt é o nome em alemão e Terezin é o nome que recebe em tcheco.

> tinha me esquecido disso, literalmente –. Infelizmente, não está claro para mim onde foram parar meus parentes, se minha mãe continua em Terezin ou se minha mulher saiu do campo e está em Viena. Neste momento, não posso ir até lá nem sequer escrever. Também não sei nada do meu irmão Walter. Da minha sogra, que foi levada de Terezin já em junho de 1944 (ela e a avó de minha mulher chegaram lá conosco), tão somente soube algo uma vez. Espero que estejam todos vivos. Temo o momento da certeza... quando eu regressar para casa (Frankl, 2019, p. 40).

Ao sair dos campos, as pessoas tinham a esperança de voltar a encontrar seus seres queridos, aqueles que os mobilizaram para seguir adiante apesar do sofrimento que estavam vivendo. Isso pode ser visto em outra carta datada de 4 de agosto de 1945 e que também dirigiu ao casal Börner:

> Devem entender que minha posição e a boa vida que tinha em Wörishofen não podiam deter-me. Contudo, os russos ainda não tinham autorizado o comboio a Viena. No entanto, nos próximos dias, partirá alguém para lá e poderá dizer-me se minha mãe e minha mulher já estão na cidade, o que é provável, se é que continuam vivas. Assim, quando eu for, talvez na próxima semana, já saberei que boas ou más surpresas me esperam (Frankl, 2019, p. 43).

A esperança faz parte dele, mas também a possibilidade de uma má notícia, o sofrimento apresenta-se no desconhecimento do destino de seus familiares; continuando com a carta:

> De resto, depois de tudo que vivemos, já nada me parece tão importante. Ficamos felizes por continuar vivos, agradecemos cada pequena alegria e qualquer oportunidade de poder trabalhar conforme nossas capacidades e interesses (Frankl, 2019, p. 43).

A experiência de sofrimento modifica de certa maneira a forma com que se relaciona com sua vida e seu trabalho, torna mais visíveis as coisas que dão sentido à sua vida. Em outra parte da carta exemplifica isso ao dizer:

> A ambição, a carreira, a boa vida etc. são desfrutadas quando se as tem; mas se não – e agora tenho em mente os companheiros do campo de concentração que foram enterrados em segredo e de maneira provisória num pequeno bosque, tão jovens ou mais do que eu, mais capazes e melhores do que eu –, sente-se uma espécie de vergonha por continuar respirando enquanto essas pessoas magníficas, assim como tantos amigos, estão apodrecendo em seus túmulos. Veja, tudo isso cria para sempre em nós uma distância secreta de toda felicidade e todo sofrimento deste mundo; uma distância que, contudo, não paralisa, mas, pelo contrário, faz com que você sinta que, somente fazendo algo, você é digno da bênção da vida (Frankl, 2019, p. 43-44).

Podemos ver como surgem as dúvidas em Frankl, como se sobreviver fosse culpa dele; contudo, também nos faz sentir convocados, quase como uma forma de honrar os mortos que compartilharam a experiência dos campos e não puderam sair deles. Sem dúvida nenhuma, nessa carta podemos ver o enfrentamento do sofrimento e das tarefas que ainda nos esperam na vida; como diz Frankl (2001b), o sofrimento não nos isenta do chamado da vida.

Depois de esperar a autorização por um tempo, Frankl conseguiu regressar a Viena. Sua correspondência com o casal Börner, datada de 14 de setembro de 1945, reflete-nos a dor que experimentava ao ter notícias sobre sua família:

> Depois de quatro semanas em Viena, finalmente tenho a oportunidade de escrever-lhes. Mas somente tenho coisas tristes para contar: pouco antes de sair de Munique, inteirei-me de que minha mãe foi enviada a Auschwitz, uma semana depois de mim. Já sabem o que isto significa. E, assim que cheguei a Viena, disseram-me que minha esposa também tinha morrido. Ela foi levada de Auschwitz para o tristemente célebre campo de Bergen-Belsen. As mulheres sofreram lá "coisas espantosas, indescritíveis", tal e qual escreve numa carta uma antiga companheira de Tilly, que cita seu nome entre as pessoas mortas por causa do tifo... Não sou capaz de repetir o que me disse (Frankl, 2019, p. 53).
>
> Fiquei completamente só. Somente uma pessoa que tenha vivido o mesmo que eu poderia entender-me. Estou imensamente cansado, imensamente triste, imensamente só. Não espero nada nem temo nada. Já não me resta nada na vida, somente obrigações; somente faço o que me ordena a consciência [*conciencia*]... E é assim que me estabeleceram de novo e que me encontro novamente ditando meu

> manuscrito, ao mesmo tempo para a editora e para a qualificação... o êxito já não me faz feliz; tudo é vago, insignificante e vão aos meus olhos, sinto-me distante de tudo. Nada me importa nem significa nada para mim. Os melhores não regressaram (meu melhor amigo, Hubert, também foi decapitado) e deixaram-me só. No campo, pensamos que já não podíamos descer mais e depois, quando voltamos, vimos que nada tinha valido a pena, que o que nos tinha mantido de pé estava destruído, que, no momento em que voltávamos a ser pessoas, ainda podíamos ir mais fundo, afundar-nos numa dor mais insondável (Frankl, 2019, p. 53-54).

Essa carta de Frankl para seus amigos enche-me de muitos sentimentos, mas principalmente de tristeza, acredito que pude aproximar-me de certa maneira da dor de um ser humano que perdeu tudo, posso descobrir em suas palavras um ser humano sofredor, mas, principalmente, conhecer essa outra face dele. Muitas vezes, quando falamos de sua experiência nos campos de concentração, parece que falamos de um ser diferente dos demais, que pôde superá-la porque era Viktor Frankl, mas essa carta mostra-nos essa outra face da moeda, não o Frankl que superou a adversidade, mas o Frankl que se sentiu esmagado pela vida; com este Frankl, sinto-me identificado, com o que teve seus momentos de obscuridade e sentiu o choque da perda, o que via um futuro obscuro, um ser humano como nós quando enfrentamos um sofrimento: um *homo patiens*.

As famílias de Viktor e Tilly tiveram histórias distintas e parecidas ao mesmo tempo:

> Como o pai de Viktor morreu ali, foi o único membro da Família Frankl em Theresienstadt que não voltou a subir num comboio. Tilly acabou visitando, no mínimo, três campos. Elsa e Emma, as mães de Viktor e Tilly, estiveram em dois. Walter, o irmão de Viktor, e sua mulher Else somente sobreviveram na sua comunidade clandestina na Itália para acabar em algum subcampo de Auschwitz. Viktor saiu com vida de quatro campos diferentes, três nos últimos seis meses da guerra (Klingberg, 2002, p. 154).

Tilly estava grávida no momento de sua internação; anos depois, ele dedicaria seu livro *Um sentido para a vida: Psicoterapia e humanismo*: "Para Harry ou Marion, uma criança que não nasceu" (Frankl, 2003d). A perda de Tilly marcou a vida de Frankl e seu sofrimento converteu-se em versos para sua amada; assim o encontramos refletido neste poema datado de 30 de outubro de 1945 (Frankl, 2019):

> Embora eu não veja mais teus olhos,
> Tu estás aí, invisível e inaudível:
> Estás ao meu lado como uma obrigação silenciosa!
> Por isso não creio na destruição de teu ser
> e quero seguir pertencendo a ti
> –Minha vida é uma única promessa de fidelidade–

Também teve que conviver com sofrimentos posteriores aos campos, as mortes de familiares próximos, a de um sobrinho (1970) e a de sua irmã (1996); assim como também problemas de saúde. Os problemas cardíacos levaram o médico a não permitir escalar mais (1985); no dia 11 de abril de 1990, perdeu a visão de um olho e ficou somente a visão parcial do outro olho.

> A súbita perda da visão de Viktor, um mês depois de seu octogésimo quinto aniversário, mergulhou-o numa escuridão irreversível acompanhada das limitações subsequentes. A maior parte de seus últimos sete anos de vida, Viktor esteve funcionalmente cego; via unicamente imagens embaçadas e distorcidas com a visão que lhe restava de um olho. Apesar de impedido, seguiu adiante sem desanimar e aprendeu sem ficar com raiva a compensar essa perda de diferentes maneiras (Klingberg, 2002, p. 357).

Foi uma pessoa muito criticada por diferentes acadêmicos, sua obra não teve as repercussões que se esperava em Viena e em outras latitudes, como nos Estados Unidos; foi muito criticado por Rollo May e Irvin Yalom. A principal crítica era seu estilo pessoal, que muitas vezes era considerado dogmático e moralista (Klingberg, 2002).

Viktor foi uma pessoa que conviveu com o sofrimento e foi por uma razão em particular: porque era um ser humano, ele próprio diz que o sofrimento faz parte da vida, como o destino e a morte; sem eles, a existência ficaria incompleta (Frankl, 2004); o sofrimento é uma experiência tão humana, como a alegria, a raiva ou o medo; tratar de impedir sua chegada é uma forma de desumanização, já que é uma das manifestações próprias da relacionalidade humana; cabe esclarecer que não se está falando de um masoquismo que busca o sofrimento como algo desejado, porque, se o sofrimento pode ser evitado, é apropriado atuar dessa maneira, mas, se não pode ser evitado, devemos relacionar-nos com ele de alguma maneira; disso se trata a atitude diante do sofrimento.

Por outro lado, Friedrich Nietzsche viveu o sofrimento desde muito cedo; aos 5 anos, morre seu pai: "Meu pai morreu com 36 anos: era carinhoso, gentil e doentio, como um ser destinado unicamente a estar de passagem" (Nietzsche, 2004, p. 33); aos 6 anos, perde seu irmão mais novo. Em 1870, foi enfermeiro durante a Guerra Franco-Prussiana (1870-1871); pouco tempo depois, começaram as dores de cabeça, que iriam aumentando com o tempo e que, em certas ocasiões, podiam incapacitá-lo por vários dias: "Em meio ao martírio que traz consigo uma dor cerebral ininterrupta de três dias, acompanhado de um penoso vômito mucoso" (Nietzsche, 2004, p. 34); segundo ele, essas enfermidades eram herdadas e foram as causadoras da morte de seu pai (Salomé, 2005). Além de suas dores de cabeça, também sofria de problemas visuais: "Também a enfermidade ocular, que se aproxima às vezes perigosamente da cegueira" (Nietzsche, 2004, p. 35). Essas duas enfermidades começaram a criar-lhe problemas em seu trabalho, levando-o a solicitar umas férias do *Paedagogium* da Basileia, o qual abandonou definitivamente em 1878. A Universidade da Basileia, em 1879 (Salomé, 2005), aposentou-o aos 35 anos e teve que deixar a docência para o resto da vida.

> ... Nietzsche viajou de um lado a outro, buscando um clima favorável, que aliviasse seus padecimentos torturantes, não se detendo em nenhuma parte – devido às mudanças de estação – mais do que alguns meses. Passou a maior parte do tempo na Engadina e na Rivera; ocasionalmente esteve em Veneza; por último, em Turim. Com frequência passava o inverno em Nice e o verão em Sils-Maria. Como um *fugitivus errans*, vivia com meios modestíssimos em habitações simples. Durante o dia, passeava pela campina, protegendo os olhos contra a luz por meio de uma sombrinha verde, entrando em contato com todo tipo de viajantes (Jaspers, 2003, p. 57).

Se falamos de suas relações interpessoais, temos que dizer que teve como amigos pessoas de alto nível, eram os primeiros espíritos de sua época, homens incomuns, mas, no sentido próprio, não podia prender-se a ninguém nem se deixava ficar preso a eles (Jaspers, 2003): suas grandes amizades foram Erwin Rohde, amigo de juventude, e o compositor Richard Wagner, com quem teve uma ruptura à qual sempre se faz referência em suas biografias. Richard Wagner (1813-1883) nasceu em Leipzig (Confederação do Reno) e foi um dos compositores de ópera mais importantes da Alemanha.

> A separação de Nietzsche e Wagner não somente significou uma ruptura dos espíritos, mas, ao mesmo tempo, quebrou uma relação na qual ambos estavam tão próximos como apenas um pai e um filho ou dois irmãos podem estar. Esquecer tudo, resignar-se completamente, nenhum dos dois pôde fazê-lo (Salomé, 2005, p. 142).

Essa ruptura deu origem a muitas teorias, entre outras, diferenças políticas ou pessoais. Alguns acusavam Nietzsche de infidelidade, outros afirmavam que era por sua loucura; também há aqueles que veem nessa ruptura o retorno de Nietzsche a si mesmo; entre os estudiosos do pensador, encontra-se a versão da biografia escrita por uma pessoa que compartilhou momentos especiais com ele e foi seu grande amor, Lou Andreas-Salomé (1861-1937), *Nietzsche em suas obras*; para ela, a finalização de sua etapa de proximidade a Richard Wagner foi um período "de saúde superado" (Salomé, 2005) e manifesta que se dá por algo similar ao que ocorreu com a religião cristã em sua adolescência; o que inspirou o desejo de rejeitar as concepções metafísicas de Wagner é precisamente o fato de que estas o encantavam e eram uma pele saudável para seu pensamento.

A ruptura com o mestre originou-se na sensação de estar rodeado por uma calma intelectual, onde seu espírito sentia a ilusão de ter encontrado sua autêntica pátria (Salomé, 2005). Sem dúvida, essa calma intelectual era um refúgio demasiado perigoso para ele, essa sensação assemelhava-se a sentir que tinha conseguido encontrar "a" resposta às perguntas que se colocava e isso poderia levá-lo a perder sua constante inquietude sobre o mundo; usando suas próprias palavras, deixar que fosse esmagado por uma estátua (Nietzsche, 2019). Para ele, o maior risco é que viveria debaixo das ideias de outra pessoa. Tal era sua preocupação com isso que o "Nietzsche do futuro" recorda em seu *Zaratustra*: "Um mestre é mal recompensado se se permanece sempre discípulo" (Nietzsche, 2019, p. 145). Assim, este momento de ruptura com Wagner talvez fosse um requisito em busca de elevar seu próprio voo, semelhante ao que faz o piloto de um balão de ar quente ao ir soltando o lastro para ganhar altura.

Junto a Wagner, Nietzsche acreditava em sua própria época e na construção de uma nova cultura – produzir para este mundo –, mas, à medida que essa crença foi se desmoronando, ele buscou a renovação do ser humano em estratos mais profundos dos que tinha encontrado na arte; sua crítica a Wagner era, ao mesmo tempo, uma crítica à sua época, portanto, a si mesmo, porque o que buscava era preparar um futuro (Jaspers, 2003). O que Nietzsche fez, no final das contas, foi renunciar a algo que o fazia estar acomodado; em outras palavras, tomou uma decisão. Se a palavra é analisada a partir de sua etimologia, verifica-se que a palavra decidir (Corominines, 2011) vem do latim "*decidere*", que é cortar, e é derivado de "*caedere*", que também é cortar; no livro *A gaia ciência*, Nietzsche explica da seguinte maneira o que se poderia dizer sobre aquele que decide cortar opções ou que renuncia a elas:

> O que faz aquele que renuncia? Tende a um mundo mais alto, quer voar além e mais longe e mais alto do que todos os homens da afirmação, joga fora muitas coisas que entorpeciam seu voo e, entre elas, mais de uma que para ele tem valor ou é agradável: sacrifica-as por seu desejo de altura (Nietzsche, 2011, p. 94-95).

E, é claro, sua renúncia a Wagner foi dolorosa, como expressou em diversas cartas a seu amigo Gast em 1883: "As relações com pessoas e a falta delas têm sido dolorosas, mas com Wagner foi a prova mais difícil" (Jaspers, 2003). Em sua filosofia, encontra-se uma constante mudança, um constante devir, não deixar que as ideias fiquem em sua "zona de conforto". Para ele, encontrar uma resposta não era o fim da reflexão, era um sinal que o convidava a mudar o ponto de vista para poder vê-la de outra perspectiva e descobrir uma nova solução (Salomé, 2005).

A ruptura com Rohde deu-se pelas mudanças que seu amigo de juventude experimentou depois de seu casamento. Nietzsche sentiu que tinham tomado caminhos diferentes, como expressa em sua carta a Rohde em 1876: "Talvez tenha em mim um vazio ruim. Meu anseio e necessidade é outro: apenas sei dizê-lo e explicá-lo" (Jaspers, 2003, p. 93); para Nietzsche, Rohde conformou-se com pouco. Tiveram um novo encontro dez anos depois da ruptura na cidade de Leipzig; desse encontro, podemos extrair um trecho de uma carta que escreveu Rohde em 1886: "Uma atmosfera indescritível de estranheza, algo que para mim era verdadeiramente inóspito, rodeava-o... Como se chegasse de um país onde ninguém habita" (Jaspers, 2003, p. 87).

Outra de suas amizades rompidas foi a que teve com o médico e filósofo alemão Paul Rée; tiveram diferenças conceituais em temas acadêmicos; contudo, o tema central de sua ruptura foi a filósofa russa Lou Salomé. Ele os apresentou em Roma no início de 1882 e a relação com ela duraria até o outono do mesmo ano. Para Nietzsche, ela se converteu na discípula que trataria de formar (Jaspers, 2003); "a partir de agora, já não quero estar só e volto a aprender a ser um homem" escreveria a ela em 1882 (Jaspers, 2003, p. 94). Os três tornaram-se inseparáveis e pensaram em criar uma comunidade de amigos em Paris (Onfray, 2013).

Lou tinha 21 anos quando o conheceu e escreveu sobre ele: "Diria de bom grado que o mais deslumbrante de sua pessoa era algo que constantemente se ocultava aos olhares, mas que, contudo, surpreendia à primeira vista: o martírio de uma solidão orgulhosamente inconfessada" (Salomé, 2000, p. 10). A relação entre eles cresceu e podemos encontrar essas referências no prólogo do livro *Nietzsche em suas obras*, de Salomé (2005), quando ela escreve para seu amigo Rée: "O traço religioso fundamental de nossa natureza é algo comum a ambos; e que este, precisamente, aflore com tanta força nos dois deve-se a que somos espíritos livres em sentido extremo" (Salomé, 2005, p. 11). Ou as cartas dele a seu grande amigo Overbeck.

> Sem dúvida, o mais proveitoso que fiz neste verão foram minhas conversações com Lou. Nossas inteligências e nossos gostos estão profundamente ligados... E, por outra parte, são tantas as contradições envolvidas que cada um converte-se para o outro no mais instrutivo objeto-sujeito da observação. Ainda não conheci ninguém que saiba extrair tal quantidade de ideias objetivas de suas experiências, ninguém que saiba tirar tanto suco de tudo que aprendeu (Salomé, 2005, p. 11).

A relação dos três levou-os à pequena cidade de Orta, na Itália, e, durante um tempo, Salomé e Nietzsche fizeram uma excursão ao santuário de Monte Sacro, longe do amigo Rée; não é muito claro o que aconteceu durante esse passeio, mas o que se descobriu é que ela incentivou Nietzsche a ter alguma esperança ou talvez tenha sido a ingenuidade dele na arte do flerte. A amizade entre Lou e Rée tornou-se cada vez mais forte e começaram a afastá-lo de seus encontros. Nietzsche conseguiu fazer com que passassem umas férias como mestre e discípula. Os dois conversaram por semanas em sua casa e em caminhadas pelos bosques; é possível que aquilo que ele, anos atrás, apresentou em seu livro *Humano, demasiado humano* tenha começado a ser visto como uma possibilidade real para ele.

> O casamento como longa conversação. Ao entrar no casamento, deve-se colocar a seguinte pergunta: Você acredita que conversará bem com esta mulher até a velhice? Tudo mais no casamento é transitório, mas a maior parte do tempo da relação pertence à conversação (Nietzsche, 2007, p. 205).

Para ele, essas longas conversações eram aproximações, mas, para ela, eram desencontros; segundo alguns especialistas, o que rompeu a relação foram suas aproximações ao campo filosófico: enquanto ele era mais metafísico, ela era mais positivista (Moreno, 2005).

Posteriormente, os três encontraram-se de novo em Leipzig. Já era clara a ruptura da amizade; Salomé e Rée ignoravam-no, enquanto Nietzsche os atacava com comentários; finalmente os dois foram embora e deixaram-no. A relação entre os três acabou numa desilusão; para ele, tudo foi uma farsa e nunca existiu essa amizade ideal que lhe apresentaram em algum momento.

O que mais gerou confusão em Nietzsche foi o não se reconhecer. Como resultado da desilusão, perdeu a fé na possibilidade de encontrar alguém com quem compartilhar sua grande tarefa (Jaspers, 2003). O sofrimento apoderou-se dele por um tempo e expressa-o desta maneira, como se vê no documentário *Humano, demasiado humano* da BBC.

> Este último bocado da vida foi o mais difícil de mastigar e é possível que ainda me engasgue com ele, tenho sofrido com as recordações humilhantes e atormentadoras deste verão como se tivesse sido um ataque de loucura, tenho que utilizar até o último grama de minha autonomia; a menos que descubra o truque alquímico de converter esta droga em ouro, estou perdido (Nietzsche).

O conteúdo de sua existência pensante forçou-o, contrariando sua vontade, a desprender-se dos demais e a viver como um ser de exceção, como um ser que está para além dos demais homens; Nietzsche sofre com o sacrifício que deve fazer; mas sofre com a mais viva resistência (Jaspers, 2003, p. 107), compreendendo que "seu problema não era o sofrimento em si, mas a falta de resposta para o grito da pergunta: 'para que sofrer?'... A falta de sentido do sofrimento, e não este em si, era a maldição que até então pairava sobre a humanidade" (Nietzsche, 2012a, p. 232); desta maneira usou seu sofrimento como uma possibilidade de transformação.

Desta situação, surge uma de suas maiores obras: *Assim falou Zaratustra*. Nesse texto, Nietzsche converte-se num profeta que buscava reescrever a história e deixar uma mensagem para a humanidade do futuro; trata-se de uma busca para recuperar o humano que se perdeu através da ciência e da religião. Para ele, o homem deve reencontrar-se com suas próprias experiências e paradoxos, consigo mesmo e o mundo, como a unidade entre o querer e a admissão do querido (Jaspers, 2003); por isso, Zaratustra recorda-nos que a confusão faz parte de nós, que é impossível resolver a vida mediante a lógica da razão, que somos esse ser que pode aceitar os acontecimentos de uma maneira ativa e não com uma atitude passiva. Ao ser protagonistas, nos diz que "é preciso ter ainda caos dentro de si para poder dar à luz uma estrela dançarina" (Nietzsche, 2019, p. 52); como uma atitude de "plenitude do fatalismo" (Jaspers, 2003, p. 377-378), "tudo o que alguma vez construiu um novo céu encontrou antes o poder para isso em seu próprio inferno" (Nietzsche, 2012a, p. 169). Essa noção representa uma relação com a ideia proposta por Frankl (1994) do "otimismo trágico", definida como a possibilidade de fazer o melhor com isso que nos acontece, podendo modificar nossa própria atitude, mudando a nós mesmos, amadurecendo, crescendo, transcendendo-nos e dando, assim, testemunho da faculdade mais humana: a de transformar uma tragédia pessoal em triunfo.

De Zaratustra, surge o conceito do *super-homem* (meta a alcançar), buscando tornar-nos conscientes de que está em nossa possibilidade gerar a ação de superar-nos; podemos criar o *super-homem* (Nietzsche, 2019) e transformar-nos nesse ser que é capaz de dominar a si mesmo e estar sempre à altura do acaso (Nietzsche, 2004), como alguém que dá as boas-vindas a toda experiência, deixando de combater em vão contra o destino e aprendendo a reconciliar-se com ele (Frankl, 1994). O sentido do sofrimento na logoterapia parece ter raízes no pensamento do filósofo alemão, como uma forma de poder descobrir o sentido através dos valores de atitude (Frankl, 2000).

O dominar a si mesmo relaciona-se mais com a atitude diante do destino. Nietzsche apresenta-o de uma forma poética: "Minha fórmula para a grandeza do homem é *amor fati*: o não querer nada diferente, nem para a frente, nem para trás, nem para toda a eternidade. Não somente suportando o necessário – todo idealismo é hipocrisia do necessário –, mas também o amando..." (Nietzsche, 2004, p. 74). Seu presente para a humanidade surge do chamado *amor fati*, o amor ao destino, um aceitar que toda experiência que venha poderá trazer consigo grandes transformações; poder transcender-se para além do sofrimento.

Escreveu-se muito sobre suas enfermidades e como isso o desqualifica como filósofo. Quando tive a oportunidade de falar sobre a vida e obra de Nietzsche, alguns alunos (uma minoria) fizeram alguns comentários como "foi aí que enlouqueceu?", "mas, se estava louco, para que estudá-lo?"; o que mais me impacta é que intuo uma vontade de desconhecer suas propostas, mas centrar a avaliação de sua obra a partir de sua enfermidade é ficar aquém das possibilidades da transformação que suas propostas geraram no mundo. É pensar a saúde de uma maneira muito reducionista, como se uma enfermidade desqualificasse completamente uma pessoa. Mas, se partimos da concepção de *responsabilidade* de Frankl (2001b) como a habilidade de dar respostas às perguntas da vida, isso nos aproxima de Jaspers (2003) citando Nietzsche, quando diz que "a saúde e a enfermidade não são essencialmente diversas... não se deve convertê-las em princípios ou entidades distintas. De fato, entre estes dois tipos da existência, somente há uma diferença de grau"; definitivamente, depois desta nova interpretação existencial de Nietzsche, "é decisiva a ideia de uma saúde não baseada na biologia e na medicina, mas referida ao valor do homem no todo de sua hierarquia existencial. Somente a partir deste sentido, as notáveis análises, mediante às quais Nietzsche apropria-se, por assim dizer, de suas enfermidades, alcançam certo conteúdo. Entrega-se à própria enfermidade, ouve-a e supera-a" (Jaspers, 2003, p. 133). Para ele, seus momentos de enfermidade mobilizaram sua vontade de saúde e permitiram transformar-se; por isso nos diz que "as grandes épocas de nossa vida são aquelas em que nos armamos de valor e rebatizamos o mal que há em nós chamando-o de nosso melhor bem" (Nietzsche, 2012b, p. 127).

Mas é melhor que o leiamos em suas próprias palavras:

> Eu mesmo me coloquei em minhas mãos, eu mesmo me curei: a condição para isso – qualquer fisiólogo admitirá – é que, no fundo, esteja são. Um ser tipicamente mórbido não pode curar, menos ainda curar a si mesmo; para um ser tipicamente são, por outro lado, a enfermidade pode inclusive ser um enérgico estimulante para viver, para viver-mais. Assim, de fato, apresenta-se agora para mim aquele longo tempo de enfermidade: de certo modo, descobri a vida de novo, inclusive a mim mesmo, eu saboreei todas as boas e inclusive pequenas coisas, como outros não poderiam saborear facilmente. Eu fiz de minha vontade de saúde e de vida minha filosofia... pois preste atenção a isto: os anos de minha mais baixa vitalidade foram aqueles onde eu deixei de ser pessimista; o instinto de autorrestabelecimento proibiu-me uma filosofia da pobreza e do desânimo... E como se reconhece, no fundo, uma boa constituição? No fato de que um homem bem constituído agrada nossos sentidos: no fato de que está talhado em madeira que é, por seu lado, dura, suave e aromática. Somente o agrada o que é saudável; sua satisfação, seu prazer cessa onde a medida do saudável é ultrapassada. Ele descobre remédios contra os males, aproveita as contrariedades para seu benefício; o que não o mata, torna-o mais forte. Ele resume seu resultado instintivamente de tudo o que vê, ouve, vivencia: ele é um princípio selecionador, ele descarta muitas coisas. Ele sempre está em sua companhia, relaciona-se com livros,

> pessoas ou paisagens: ele honra na medida em que escolhe, em que admite, em que confia. Ele reage lentamente a todo tipo de estímulos, com aquela lentidão que uma longa previsão e um querido orgulho lhe incutiram – examina o estímulo que se aproxima, ele está longe de ir ao seu encontro. Ele não acredita nem na "desgraça" nem na "culpa": chega a conclusões consigo mesmo, com os outros, ele sabe esquecer – ele é suficientemente forte para que tudo deva ser o melhor para ele (Nietzsche, 2004, p. 36-37).

Neste texto, podemos encontrar outro momento que aproxima os dois pensadores e que ocorreu nos campos de concentração:

> [...] nós, que ainda sobrevivíamos, tínhamos razões para manter a esperança: a saúde, a família, a felicidade, as habilidades profissionais, a fortuna material, a posição social... todas essas coisas ainda podiam ser recuperadas ou adquiridas. Inclusive nossas vivências no campo talvez supusessem um ganho interior para o futuro... E citei Nietzsche: "Tudo o que não acaba comigo, torna-me mais forte" (Frankl, 2004, p. 105)[21].

---

21. A citação textual de Frankl, que pertence a seu livro *El hombre en busca de sentido* [*Em busca de sentido: Um psicólogo no campo de concentração*, título em português], está presente na edição de 2004 da Herder. Parece-me importante fazer esta nota neste rodapé e contar a história desta descoberta. Estava dialogando com meu colega Felipe Miramontes, fazendo uma comparação de nossas notas sobre Frankl e Nietzsche; ele me contou que, no livro *Viktor E. Frankl y su dictado de 1945* [Viktor E. Frankl e seu ditado de 1945], de Guillermo Pareja Herrera (2015), havia uma citação de Frankl em que fazia

Para entender o que há de assombroso na vida de Nietzsche, isto é, para entendê-lo não somente como um fato psicológico, é necessário sentir o destino de sua tarefa ou o som que somente brota dele e de nenhum outro (Jaspers, 2003, p. 107). Descobriu o chamado concreto que era feito para ele e somente para ele, encontrou sua missão na vida e esta muda de pessoa a pessoa, já que se relaciona com seu caráter insubstituível, com sua forma própria de fazer as coisas. Assim concebeu sua vida como uma missão contínua (Frankl, 2001b).

A vida de ambos os pensadores não se cruzou, mas podemos encontrar experiências que os fizeram considerar o sofrimento um campo fértil para a descoberta do sentido.

Muitas vezes confundimos essas ideias acreditando que o sofrimento ocorre a favor de algo melhor, mas não é assim que se expressam esses dois pensadores; o filósofo nos diz que "não existem fenômenos morais, mas somente uma interpretação moral dos fenômenos" (Nietzsche, 2012b, p. 125) e, por outro lado, nosso psiquiatra nos diz que o que importa

---

menção a uma frase de Nietzsche, que estava presente na primeira edição em espanhol que recebia o título de *Un psicólogo en el campo de concentración* [Um psicólogo no campo de concentração], da Editora Plantin (1955), e que não estava mencionada em edições posteriores; essa conversa acabou aí. Contudo, quando estava escrevendo o fragmento que incluiria esse relato, busquei na minha biblioteca o livro de Frankl para rever o capítulo onde ele fala para seus companheiros de barracão, surpreendentemente lá encontrei a citação. Depois, compartilhando com Felipe, descobrimos que, na edição de 1985 de *El hombre en busca de sentido*, o parágrafo tinha sido completamente eliminado. Deixo esta nota aqui como algo anedótico, mas que despertou em nós dois muito interesse, perguntas, reflexões e até hipóteses.

não é o que ocorre conosco, mas o que fazemos com o que ocorre conosco (Frankl, 2001b). Os fatos não existem de maneira isolada, mas nós podemos descobrir sentido nesses fatos. Não trazem dentro de si uma mensagem oculta ou ocorrem porque virão eventos melhores. Podemos expressá-lo de outra maneira dizendo que, quando descobrimos sentido no sofrimento, é uma descoberta que ocorre depois do ocorrido e que esse sentido que descobrimos não vem dado desde antes, não vem do passado, mas abre-se para as possibilidades futuras.

Compreendendo "meu mundo"

Os modelos de intervenção a partir do pensamento existencial têm uma influência do filósofo alemão Martin Heidegger; um dos conceitos mais conhecidos é o *Dasein*, definido como o ente que tem a possibilidade de perguntar-se por seu ser e que, além disso, relaciona-se com essa pergunta (Heidegger, 2009). Isto quer dizer que o *Dasein* tem a possibilidade de perguntar-se por si mesmo e pelo mundo que habita; mediante essa pergunta, pode conhecer a si mesmo e, por sua vez, seu mundo, porque a forma de conhecer-se é em relação, não existe um ser sem mundo.

A tradução do alemão seria "ser-aí", embora essa tradução literal afete a dinâmica do *Dasein*; seria melhor traduzi-lo como um "sendo-aí", porque a característica principal é ser como possibilidade, isto é, em gerúndio.

O *Dasein*, sendo uma possibilidade aberta, faz com esteja sendo *aí*, no mundo, um mundo que é habitado por ele; o ser do *Dasein* está aberto para o mundo e para si mesmo porque é *disposição afetiva* (Heidegger, 2009). Precisamente o que faz com que o *Dasein* esteja *aí*, no mundo, é que, sendo *disposição afetiva*, permite ser vivenciado no mundo, como o faz um habitante e não como um observador do mundo, porque é uma relação afetiva e não cognitiva com o mundo.

Portanto, a *disposição afetiva* está no "no" do *ser-no-mundo*, compreendendo que a *disposição afetiva* é o modo como o *ser-está* no mundo; além disso, é o que abre o *ser* para o mundo, permitindo a descoberta primária do mundo (Heidegger, 2009).

Nesse abrir-se para o mundo, o *Dasein* tem a possibilidade de entrar em sintonia com outras formas que surgem do tom afetivo (Boss, 1963), produto de sua relação com o mundo, permitindo que as coisas sejam, deixando o ser humano existir tal e como é com aquilo que se encontra (Boss, 1963). Nesse encontrar, o *Dasein* relaciona-se afetivamente com objetos (coisas, animais, pessoas, atividades, comportamentos etc.), afinando com eles e permitindo um aproximar-se ou um afastar-se deles. Esta descrição nos aproxima da obra de Frankl (1994), quando diz que, no mais profundo do ser humano, encontra-se seu mundo afetivo. Continuando com estas ideias, na complexidade da tridimensionalidade da unidade humana, podemos ter uma compreensão heurística ao parafrasear Martínez (2014), quando diz que as emoções fazem parte da dimensão biológica e que elas cumprem a função de alertar-nos sobre a presença de um objeto que gera certa impressão. Esta emocionalidade busca a sobrevivência com o fim de garantir a permanência da espécie, podendo fugir do perigo ou lutar para conservar nossa vida biológica, tendendo ao prazer e rejeitando a dor que gera o impacto do objeto interno ou externo captado; mas, como o ser humano não é apenas o biológico, também podemos falar do nível psicológico, onde se realiza um processo que está inter-relacionado com o impacto emocional, no qual é atribuído um significado que busca preservar a experiência de identidade no tempo.

A dimensão psicológica atribui um significado à emocionalidade a partir de sua função de preservar a identidade da pessoa; essa interpretação gera emoções secundárias que também buscam garantir a sobrevivência dessa identidade, mediante a fuga ou luta, mas em forma de estratégias de enfrentamento que tentam lidar com a perda de si mesma. Este fechar-se da dimensão psicológica, fruto dos significados atribuídos, gera sentimentos que se relacionam com a tonalidade da captação da realidade (Martínez, 2014).

Nesse mesmo sentido, Martínez (2014) afirma que

> essa relação afetiva atravessa o ser humano em todas suas dimensões até o mais profundo dele. Sua dimensão espiritual, onde se encontra a consciência [*conciencia*], como órgão do sentido, com seus componente pré-lógicos e irrefletidos, encaminha-se ao contrário das outras duas dimensões, porque o que

> busca o espiritual é manter-se aberto para o mundo dos valores, à possibilidade de encontrar e realizar um sentido; quer dizer que, enquanto no biológico e psicológico apresentam-se respostas emocionais e sentimentais, descobrindo objetos que nos impactam e contribuem para a nossa identidade, no espiritual ocorrem atos ou manifestações intencionais, transformando esses objetos em "*bens*" depositários dos valores descobertos pela consciência [*conciencia*], que nos convidam para a realização de uma nova versão de si mesmo, que poderá ser *co-construída* no encontro com esse mundo que deixará de existir para dar passagem a um novo.

Seria importante poder destacar que o significado não é o mesmo que o sentido, porque o significado é uma atribuição psicológica com o fim de proteger a identidade, enquanto o sentido implica uma abertura espiritual para o mundo, um deixar-se tocar por valores que nos convocam, permitindo-nos descobrir e realizar o sentido.

Podemos dizer que o *ser-no-mundo* é um entrelaçado afetivo de relações com uma organização do mundo que gera a experiência de seguir *sentindo-se* como a mesma pessoa, embora vá mudando com o tempo; a cada decisão, a cada encontro *eu-tu* ou *eu-ele*, a pessoa modifica seu entrelaçado e organização, mas esta última tem uma mudança menor do que o primeiro, permitindo experimentar uma mudança, mas sentindo que segue sendo o mesmo *ser-no-mundo*; desta maneira, mantém-se a experiência de *identidade* ao longo do tempo, apesar das constantes mudanças.

Fenomenologia do sofrimento

Primeiro falemos da etimologia da palavra sofrimento; é derivada de "sofrer", que, por sua vez, deriva do latim "*sufferre*", suportar, tolerar ou carregar algo (Coromines, 2011); chama muito a minha atenção a expressão carregar algo, porque, quando aparece o sofrimento, a pessoa, embora sinta que esteja quieta, a vida segue seu movimento e a pessoa vai encontrar-se "carregando" algo, como "levando" algo enquanto continua sua vida. O sofrimento pode converter-se num companheiro da vida, que está aí, como uma presença ausente.

O sofrimento, embora não seja fácil de definir, poderia ser descrito como a experiência que surge da chegada de uma situação – que pareceria ser definitiva – (Jaspers, 1959), em ocasiões alheias às nossas decisões e, em outras, devido a elas, que irrompe e modifica o entrelaçado e a organização do *ser-no-mundo*; ao ser produzida a modificação da organização, experimenta-se uma transformação em direção a algo não desejado. Nesse novo mundo, experimenta-se a mudança do entrelaçado e a mudança da organização de relações de sentido e significado. Num primeiro momento, experimenta-se um choque que faz sentir-se confuso e alheio ao que aconteceu. Compreendendo o que foi experimentado, conforme Heidegger (2009), poderíamos dizer que, ao ingressar no novo mundo, este é vivido como um lugar *desabitado*, alheio, a pessoa não reconhece esse novo mundo e, ao mesmo tempo, não reconhece a si mesma, na grande maioria das vezes, querendo retornar ao passado, voltar ao seu mundo anterior, desejando recuperar sua vida como era antes. O que ocorreu é que a *disposição afetiva* fechou-se, gerando uma espécie de fuga do *ser-no-novo-mundo*; o *Dasein* isola-se, buscando proteger-se e reorganizar seu *ser-no-mundo*, já que, neste momento, apresenta-se como um *não-estar-em-casa*; nesse novo processo, o que busca é *reencontrar-se*, mas, nesse processo, a mudança ocorreu e, ao tentar voltar para o seu mundo anterior, encontra o fogo que faz crescer o sofrimento.

Ao ser expulso de seu mundo anterior, o sofrimento converte-se na experiência gerada pela redução das possibilidades, já que o caminho que tinha sido intuído foi interrompido; "pois bem, este antecipar-se, esta antecipação espiritual, ocorre no que chamamos de intuição: a antecipação espiritual ocorre num ato de 'visão'" (Frankl, 1999, p. 33); essa visão é intuída pela consciência [*conciencia*] como uma possibilidade de realização, mas que foi destruída pela chegada de "algo alheio", que a ocultou ou obscureceu, como se um muro estivesse atravessado nesse caminho (Jaspers, 1959) antecipado pelo sentido. Se usarmos a metáfora do farol, podemos dizer que o sentido não é esse farol distante para onde nos dirigimos, e sim a luz que ilumina o mundo, permitindo que se revelem os caminhos possíveis de realização do sentido e da descoberta de metas; a pessoa decide-se por um dos caminhos como o mais próprio para a realização encontrada, renunciando os outros. O que ocorre é que, com a chegada do sofrimento, esse caminho deixa de ser uma possibilidade de realização, já não podemos vê-lo e perdemos a possibilidade de transitar por ele.

Podemos descrever o sofrimento como um encontrar-se entre dois mundos, um que está se desvanecendo, do qual fomos tirados abruptamente e ao qual queremos regressar, e outro mundo que vemos embaçado, porque sentimos que ele é alheio a nós; ficamos debatendo-nos entre ambos os mundos, paralisados sem saber como continuar vivendo, enquanto perguntamos ao mundo "por que isso aconteceu comigo?"; essa pergunta bate nos limites da existência e volta para nós como um eco que não traz nenhuma resposta, aumentando nosso mal-estar, o qual desejamos eliminar com uma resposta que nos permita entender o que ocorreu. O problema é que o *Dasein* está fechado para o mundo, é um observador do mundo e o que trata de fazer é entender o que ocorreu a partir da lógica da razão, e o sofrimento é desprovido de toda lógica.

Desta mesma maneira, a pessoa é confrontada com tudo o que acreditava e isto se converte numa confrontação com sua ideia de ser humano e sua cosmovisão, já que existem muitas crenças relacionadas com o surgimento do sofrimento na vida de alguém (os bons não deveriam sofrer; já sofri bastante, não entendo o que fiz para a vida; a chegada do sofrimento é uma derrota do ser humano; podemos evitar o sofrimento etc.). Mas como vimos na logoterapia, o sofrimento faz parte da vida, como o destino e a morte, porque sem eles a existência ficaria incompleta (Frankl, 2004). O sofrimento existe porque somos seres humanos e a forma com que o experimentamos é mais penetrante do que outros seres vivos podem viver; isso se deve a que compartilhamos a dor biológica e psicológica (com alguns animais), mas há uma parte do sofrimento, até onde sabemos, que é própria dos seres humanos: o sofrimento pela perda do sentido, dos valores que antecipam o caminho intuído, o desabamento de nossa identidade e nossas expectativas de como seriam as coisas.

A linguagem e o sofrimento

A partir deste momento vou centrar-me na descrição de outro fenômeno humano que influi no sofrimento: a linguagem. Não me interessa entrar na definição do que é, mas podemos pegar elementos que alguns autores propõem sobre este tema.

Primeiro falaremos da proposta de Engels; em seu ensaio *O papel do trabalho na transformação do macaco em homem*, ele nos propõe que, ao longo do processo evolutivo, foi sendo gerado um trabalho em equipe para a sobrevivência dos grupos, mas chegou um momento em que tiveram a necessidade de dizer algo uns aos outros. O que nos propõe Engels é que a necessidade gerou a transformação do órgão da laringe, enquanto os órgãos da boca aprendiam pouco a pouco a pronunciar um som articulado após o outro.

Por outro lado, podemos falar da proposta de Maturana (2010); ele propõe que, no processo evolutivo, os machos participavam do cuidado das crianças:

> [...] neste modo de viver em estreita interação sensual, compartilhando o alimento, com a participa-

> ção dos machos no cuidado das crianças, originou-se a linguagem como uma maneira de viver em coordenações de coordenações comportamentais consensuais e, ao originar-se, a linguagem surgiu entrelaçada com o emocionar-se, constituindo o conversar e, ao originar-se o conversar e o viver no conversar, surgiu o humano (Maturana, 2010, p. 263).

Para o biólogo chileno, o processo que dá origem à linguagem e ao conversar está relacionado com uma emoção básica que esteve presente para que ocorresse: o amor; como ele diz, por meio da linguagem, podemos tocar-nos (Maturana, 2010).

Até este momento, podemos ir deduzindo que toda linguagem é expressa numa relação. Poderíamos então dizer que o primeiro caso é uma sobrevivência baseada no trabalho em equipe e a segunda, uma sobrevivência baseada no amor que dá sentido ao estar juntos. Mas, em ambos os casos, a linguagem surge de uma relação, na qual entra a possibilidade de falar do *ser-no-mundo* e, portanto, falamos de nosso *existir* como ser em relação; isto nos leva de novo a Heidegger.

Para isso, começaremos a partir da base do *ser-no-mundo*. Como dissemos anteriormente, o que faz com que o *Dasein* esteja *aí* é a *disposição afetiva* e, juntamente com o *compreender*, caracterizam a forma de abertura originária do *estar-no-mundo* (Heidegger, 2009). A primeira abre o ser para o mundo, transformando-o num lugar habitado, enquanto a segunda permite que o *Dasein* possa ser compreendido imediata e regularmente a partir de *seu mundo* e como *poder-ser*, ou seja, conhecer-se como possibilidade (Heidegger, 2009); primariamente, o *Dasein* é abertura para o mundo como possibilidade e a isso Heidegger chama de *pro-jeto*, que é um estar aberto e lançado no mundo, como se fosse lançado para a frente, porque o *Dasein* sempre é mais do que de fato é.

Ainda de acordo com Heidegger (2009), a *compreensão* articula-se por meio do *discurso*, ou seja, converte-se numa forma particular, própria e única de abertura para o mundo e suas *possibilidades* de *estar-aí*, ou seja, cada pessoa tem sua maneira de abrir-se para o mundo e, nesse *discurso*, encontra suas próprias *possibilidades no mundo*, que são suas e de ninguém mais, porque são seu *pro-jeto*; essa forma de *discurso* também é *expressão* da forma como *convive* o *ser-no-mundo*; podemos então dizer que cada pessoa compreende a si mesma a partir de seu mundo, que permite ter sua própria forma de abrir-se para o mundo, encontrar suas próprias possibilidades e que tudo isso se relaciona com sua própria forma de convivência com o mundo, ninguém tem uma forma igual à de outro de relacionar-se com o mundo. Assim, essa *expressão* pode tornar-se física mediante a *linguagem*, que seria a expressão ôntica do *discurso* ontológico; porque o *Dasein* tem *linguagem*.

Isto que desenvolvemos no parágrafo anterior está presente no que se denomina o primeiro Heidegger e está registrado em sua obra *Ser e tempo*, mas o segundo Heidegger, que encontramos no livro *Carta sobre o humanismo*, de uma forma bem poética, afirma que "a linguagem é a casa do ser" (Heidegger, 2006, p. 11). Para começar a desenvolver essa frase, vou apoiar-me num autor que realizou um ensaio sobre esse tema do filósofo alemão.

A expressão "casa" (*Haus* em alemão) não designa simplesmente o local ou o lugar material, mas faz referência ao lugar que se habita. O que determina que uma "casa" seja uma "casa" não é o fato físico-espacial de que esteja feita de materiais físicos; que tenha piso, paredes, teto, portas e janelas. O que permite que uma "casa" seja uma "casa" é dado pelo fato de que ali se constitui um âmbito ou um *meio* que permite que algo seja ou se manifeste (Cataldo, 2006). Você pode entrar em sua casa e senti-la própria ou não, essa diferença não é gerada pelo fato físico dos espaços ou dos objetos nela, o que a torna própria é a sua possibilidade de manifestar-se nela; é a experiência de sentir-se *em* casa. Podemos assinalar que a palavra alemã "*Haus*" também pode ser traduzida como lar ou morada, ou seja, poderíamos dizer que a casa está mais relacionada com o âmbito físico, enquanto o lar e a morada, mais com uma experiência afetiva, como senti-la própria. Do que foi anteriormente exposto, podemos dizer que a relação do ser com o lar ou morada não é uma relação como a que se experimenta com um objeto, porque não é um objeto, mas uma relação de sentir-se no *meu* lar. Pessoalmente, eu modificaria a tradução e expressaria da seguinte forma: a linguagem é o lar do ser.

Dessa maneira, podemos afirmar que o ser pode entrar na linguagem, mas esse entrar não é o mesmo que quando uma cadeira está dentro de uma casa, porque não é um objeto dentro de outro. Para o ser, a linguagem não é um objeto com o qual se relaciona, mas o ser pode manifestar-se *na* linguagem, revelar-se *na* linguagem, porque pode habitá-la, torná-la própria ou não, porque, ao habitá-la, o ser humano existe (Heidegger, 2006).

Por meio da linguagem, pode manifestar-se o *ser-no-mundo* a partir de sua abertura a esta como *possibilidade*; quando isto ocorre dessa maneira, o ser apropria-se da linguagem, mas também pode apresentar-se a partir da não apropriação; nesta situação, poderia ocorrer que o *ser-no-mundo* se encontre fechado e não o *compreenda* como *possibilidade*; isto é o que se experimenta no sofrimento porque, como dissemos anteriormente, é a experiência da redução das *possibilidades* ao encontrar-se diante de um mundo alheio, um mundo que não habita.

Em muitas ocasiões, propõe-se que a solução está em mudar a forma como falamos uns com outros ou mudar nossos pensamentos, mas, se fazemos isso, somente realizamos mudanças no nível ôntico da linguagem; essas mudanças seriam superficiais, porque o que realmente necessitamos transformar está num nível mais profundo e é a forma com que o ser se abre para o mundo, ou seja, o *discurso*. Para conseguir essas mudanças, é necessário realizar um acompanhamento que permita que o *Dasein*, que está fechado para o mundo para se reorganizar, possa ir, pouco a pouco, abrindo-se novamente para habitar sua linguagem; do contrário, seria uma simples linguagem desabitada.

Agora, continuemos com outra teoria, a ACT (terapia de aceitação e compromisso). Esta nos propõe que o ser humano constrói relações com seu ambiente por meio da linguagem, permitindo-nos alcançar uma aprendizagem sem ter uma experiência direta. Isto funciona da seguinte maneira: a mente lança em nós palavras e nós as tomamos como se fossem o próprio objeto (Hayes, 2011); assim, então, afirma-se que a linguagem nos dá um sistema de alarme rápido e supersensível que nos permite sobreviver em nosso ambiente (Wilson & Luciano, 2013); uma das formas de proteção é evitar que esses objetos que geram sofrimento em nós estejam presentes em nossa vida. Ou seja, por meio da linguagem, o ser humano pode resolver problemas (Hayes, 2014), mas esta forma de resolvê-los pode ajudar-nos ou pode converter-se numa nova armadilha.

A psicologia popular, que busca dar explicações ou soluções fáceis a situações complexas, faz com que acreditemos que, ao deixar de nomear o que nos causa o sofrimento, este deixará de estar presente em nossa vida. Essa ideia leva-nos a considerar que a solução encontra-se em tratar de afastar-se de emoções, sentimentos, pensamentos ou sensações corporais que nos fazem ter presente a situação que nos causa sofrimento; ter também o que é chamado de uma "atitude positiva". O problema persiste porque ocorre tudo ao contrário; a experiência toma maior importância e tende a chegar à nossa consciência com maior frequência.

Então acreditamos que a forma ideal de assumir a vida é a partir da tranquilidade e da estabilidade; usamos a linguagem como uma forma de solucionar os problemas antes que estes ocorram; desta maneira, vivemos a partir de nossa cabeça e convertemo-nos em observadores do mundo e da vida, perdendo a possibilidade de existir, porque, ao tornar-nos observadores, não habitamos nosso mundo e podemos chegar a acreditar que é igual para todos.

Ao viver a partir da linguagem, começamos a desviar da nossa condição humana, tentando esconder-nos de nossa realidade; desta maneira, encontramo-nos cada vez mais incapazes de fazer frente aos problemas, sendo facilmente dominados por eles quando as coisas vão mal (Van Deurzen, 2010). Mas, como mencionamos antes, o que nos faz estar em relação com o mundo é a *disposição afetiva*; ao estar abertos para o mundo, poderemos viver nossa existência e deixamos de tentar curar-nos da vida; assim, estaremos verdadeiramente vivos (Van Deurzen, 2010).

O que podemos concluir é que o ser habita na linguagem, pode torná-la própria, mas a linguagem é secundária, porque requer ser habitada pelo ser para que lhe pertença; ou seja, a linguagem também pode estar desabitada; quando estamos fechados afetivamente para o mundo, a linguagem não está apropriada e não é habitada. Daí podemos afirmar que a linguagem é secundária para a abertura do ser para o mundo (que seria o primário). A linguagem pode converter-se numa aliada na hora de trabalhar com pessoas que enfrentam o sofrimento; contudo, primeiro devemos acompanhar a pessoa de modo que ela possa restabelecer a abertura para o mundo mediante os recursos pessoais de autodistanciamento e autotranscendência.

Caminhando pela névoa do sofrimento

Quando as pessoas enfrentam a situação-limite do sofrimento, buscam ajuda e chegam ao nosso espaço; extraviadas, incompreendidas, desesperançadas, impotentes, desconfiadas, mudando seu foco de atenção; às vezes, no passado, que lhes produz raiva ou tristeza, e, às vezes, no futuro, frente ao qual experimentam medo; em ambos os casos, buscando avidamente uma resposta ou solução. Nesse processo, nós as acompanhamos de modo que vivam essas situações, que não podemos mudar, mas sim esclarecer (Jaspers, 1959).

Para embarcar nesta travessia, partimos da compreensão do limite que nos sugere um além, outro caminho pelo qual podemos seguir, mas que ainda não podemos desvendar (Jaspers, 1959). Acreditamos que o limite é como a borda da Terra – quando acreditávamos que a Terra era plana –, onde, depois do limite, éramos devorados por seres mitológicos. Mas não, significa que há algo depois, que podemos descobri-lo se nos atrevemos a navegar um pouco além do horizonte inteligível.

A pessoa busca encontrar soluções nesse primeiro momento, principalmente, como diria Jaspers (1959), tratando de entender o que ocorreu a partir desse ponto de apoio seguro – o que conhece e, portanto, parece válido. Jaspers continua dizendo: com esse olhar que vê tudo, que vai se desvanecendo e reduzindo a um ponto sem conteúdo senão a impavidez de seu olhar. Essa busca própria desde si mesmo e alheia a si mesmo descobre sua solidão, mas não é igual à solidão existencial;

esta seria a "solidão daquele que conhece" (Jaspers, 1959), que busca, mediante a razão, poder encontrar saídas, lançando perguntas para o mundo, perguntas que não encontram uma resposta que satisfaça sua "vontade de conhecer" (Jaspers, 1959) e que são devolvidas como um eco que aumenta a experiência de sofrimento, acabando com as esperanças de uma vida depois da destruição do mundo conhecido.

Conforme Frankl (2019), sabemos que não podemos perguntar à vida, mas é a vida que nos coloca perguntas; nós somos os interrogados! Somos nós que respondemos permanentemente, de hora em hora, às "questões da vida". Ou seja, ao perguntar à vida, não obtemos respostas; buscá-las por meio do conhecimento não nos ajudou e essa busca aumenta o sofrimento. Acreditamos que essas respostas chegarão mediante a intelectualização do mundo e da experiência, convertendo-nos em ilhas no meio do oceano, tratando de compreender algo que está além do mar.

A tentativa para conhecer por meio da racionalização não funciona como esperamos. Recordemos que, com a chegada da situação que gerou o sofrimento, foi produzida uma mudança no entrelaçado e na organização do mundo, o *Dasein* fechou-se, buscando encontrar-se e reorganizar-se; então, se a *disposição afetiva* encontra-se fechada, a possibilidade de compreender o novo mundo fica incompleta, porque o que nos permite habitar o mundo é o *aí* que é dado pela *disposição afetiva*.

Considerando o que foi dito anteriormente, o que podemos fazer num primeiro momento é ajudar aquele que nos consulta a conseguir encontrar a pergunta que aparece diante desse "novo mundo"; a partir daí podemos iniciar um trabalho de descoberta sobre os valores e sentidos que perdemos com a chegada da situação-limite.

Recordemos que a pessoa que nos busca para conseguir algum consolo acaba de experimentar a perda de algo valioso em sua vida. Certamente recebeu grande quantidade de palavras e ajudas de seus parentes e amigos, todas com a melhor disposição, mas, quando não há consolo, qualquer palavra é demais (Lukas, 2002). Não é o momento de dar frases salvadoras, mas de acompanhar e estar pronto para encontrar os sinais que nos guiam para a pergunta que a vida está realizando nesse momento. Enquanto isso, ouviremos algumas destas possíveis perguntas: Como posso seguir adiante? Como posso seguir vivendo se tenho que lhe dizer adeus? Como posso seguir se perdi algo tão valioso? Etc. Essas interrogações relacionam-se com o sentido da vida. Recordemos que

> a logoterapia é uma psicoterapia centrada no sentido. Seu princípio impulsionador diz que o homem é um ser que se encontra em constante busca de sentido. Mas esta busca do sentido aparece nas circunstâncias atuais da sociedade como um esforço vão. Esta frustração deve ser colocada em boa parte na conta desta tríade trágica que se compõe de sofrimentos, culpa e morte... a pergunta que devemos nos formular é: Como podemos dizer sim à vida apesar de todo seu aspecto trágico? (Frankl, 1994, p. 63).

Nós, como acompanhantes, não podemos forçar que a pessoa tenha esperança (Frankl, 1994), esse não é nosso propósito, o que podemos fazer é acompanhá-la para que encontre as perguntas e que as responda neste momento específico de sua vida, uma pergunta específica para cada pessoa, que somente pode ser respondida de maneira individual.

Para avançar, devemos apoiar-nos nos recursos noológicos: autodistanciamento e autotranscendência, orientando-os para o mundo dos valores e do sentido, o que chamamos de logoterapia específica, na qual trabalhamos a perda de valores e sentido; não é uma enfermidade, mas uma condição humana.

O desenvolvimento da autocompreensão vamos realizando no ritmo de quem está nos consultando; não podemos forçá-lo a submergir de um modo acelerado nas profundezas do sofrimento que está experimentando. Este é um processo similar ao que experimenta um mergulhador, que deve ir descendo pouco a pouco. A experiência do sofrimento está além das primeiras aparências; geralmente, nosso olho não dispõe de um olhar que vai além do evidente, onde se ocultam os sinais mais autênticos (Heidegger, 2011). No processo de autocompreensão, vamos de um olhar mais cognitivo da experiência para um mais afetivo, recordando que, para conseguir isso, devemos apoiar-nos no desenvolvimento da autorregulação, porque, ao ir abrindo de novo a *disposição afetiva*, buscando entrar na experiência do sofrimento, necessitamos de ambos os recursos para fazer com que a pessoa se aproxime num primeiro momento da possibilidade de aceitar o que ocorreu. A autorregulação permitirá que a pessoa suporte a experiência de sofrimento sem querer afastá-la ou aliviá-la; dessa maneira, poderá descobrir o que habita nela.

Também é certo que a palavra "aceitar" acaba muitas vezes perdendo o sentido porque não sabemos muito bem o que é. Acaba convertendo-se numa frase "clichê", mas o que é "aceitar o que não posso mudar"?[22] A logoterapia pode beneficiar-se se aprofundamos no que outros estudaram, como as terapias de terceira geração. Para falar de aceitação, busquei o que é a terapia de aceitação e compromisso, descobrindo coisas bem interessantes para nós, que nos permitem trabalhar mais no acompanhamento do sofrimento e do luto.

A aceitação é entendida como a possibilidade de abrir-se voluntariamente, de uma forma receptiva e flexível, para uma experiência presente que gera mal-estar em nós (Hayes, 2014); aqui podemos ver como a autorregulação é o recurso que nos permite suportar a experiência de sofrimento sem eliminá-la, deixá-la estar aí de maneira voluntária; por isso, a aceitação apoia-se na atitude de estar disposto a entrar em contato com as experiências ou relações que possam desencadeá-las (Hayes, 2014). A autocompreensão e a autorregulação vão nos permitir dialogar com nossas emoções, sentimentos, pensamentos, comportamentos, com nosso sentido presente e com o que perdemos. Talvez um dos

---

22. Faz parte da Oração da Serenidade, que é tradicional no início e encerramento das reuniões de grupos de doze passos.

momentos-chave seja permitir-nos entrar no mundo que já deixou de existir, poder observá-lo, aproximar-se disso que estava aí e que lhe dava sentido, para depois poder colocá-lo em palavras, agradecer e poder dizer-lhe adeus. Aqui podemos intuir que a aceitação não é um fim (Hayes, 2014), mas que a aceitação é o meio para poder trabalhar com o sofrimento humano. Este processo que proponho não tem como fim alcançar a aceitação, mas utiliza-a como a chave que abre a porta para o mundo que deixou de existir e para o novo mundo, porque nos permitirá caminhar além do muro que apareceu com o sofrimento e abraçar o momento presente, possibilitando a mudança.

A partir desta proposta, a aceitação não é o fim do processo, não esperamos que diga "já aceitei todo o passado", não buscamos isso porque a aceitação não é um estado que permanece constante; é um processo que se desenvolve de uma maneira voluntária, já que a liberdade permite preparar-se para aceitar e deixar ser tudo aquilo que é, para deixá-lo brilhar na *abertura-do-mundo* que existe (Boss, 1963); a aceitação é uma atitude de abertura em direção ao mundo e, como é um processo, nunca vamos fazê-lo perfeitamente, mas poderemos fazê-lo cada vez melhor (Hayes, 2014).

A busca da aceitação como se fosse uma fórmula mágica converteu-se na solução para as situações difíceis, mas podemos chegar a confundi-la com outras atitudes similares. A aceitação não é uma técnica, é um processo gradual de aprendizagem (Hayes, 2014).

Em algumas ocasiões, pode ser confundida com render-se (Hayes, 2014); mas são duas coisas diferentes; ao aceitar nossa experiência, podemos ser conscientes do sentido que existia naquilo que já não está e assim nos dispomos a despedir-nos das coisas que nos davam sentido. A aceitação permite mudar e, a partir daí, podemos transformar nossa existência, por exemplo, ao renunciar uma relação que já deixou de dar sentido à nossa vida. Ao render-se, segue-se vivendo igualmente, embora não seja desejado. Com a rendição, as coisas são mantidas e, com elas, o sofrimento sem sentido; o contrário ocorre com a aceitação, porque abre a possibilidade a novos caminhos.

Também podemos confundir a aceitação com a tolerância; a diferença é que, nesta última, a pessoa apresenta uma postura condicional na qual aceita uma certa quantidade de mal-estar durante um tempo esperando algo em troca, como se obtivesse um prêmio por tolerar, mas realmente não tem uma abertura para a experiência (Hayes, 2014). A tolerância pode converter-se num sofrimento sem sentido porque condiciona a vida, como se a pessoa se convertesse em merecedora de algo pelo fato de sofrer; ao não aceitar a experiência, não se aprende com o sofrimento, ficando confusa sem poder ver além do muro diante de nós. A aceitação propõe que existe um propósito e permite que a experiência se faça presente porque, ao aceitar, entramos em contato com o sentido.

Ao propor que a aceitação é um convite para deixar que a experiência esteja presente, podemos crer que sentir o que aparece é um fim em si mesmo, mas não, isso é "enlamear-se no passado" (Hayes, 2014); a aceitação convida-nos a tomar consciência do sentido que existia no mundo passado, como um processo para encontrar o sentido no sofrimento, como um meio para um fim.

A aceitação permite relacionar-nos de uma maneira diferente com a situação do passado que origina o sofrimento, sendo a base do que em logoterapia chamamos de *modulação de atitudes*, que é definida como um método para pessoas que enfrentam o sofrimento, ajudando-as a encontrar sentido nesta situação (Lukas, 2006), ajudando a ampliar o horizonte de valores e sentido (Martínez, 2014). Com a aceitação e a modulação de atitudes, a pessoa pode tomar consciência dos valores e sentidos e pode mudar o olhar, o que lhe permite ver que há outros espaços onde pode expressar sua liberdade, encontrando as perguntas que a vida está lhe fazendo e, principalmente, podendo tomar decisões. Já não se encontra de mãos atadas, já pode mover-se, mas de uma maneira diferente.

A *modulação de atitudes* permite que a vontade de sentido se desenvolva, permitindo a descoberta de valores e sentido no novo mundo. Desta maneira, podemos concluir que, na primeira etapa, *a solidão daquele que conhece*, começa-se buscando uma solução diante do sofrimento, mas não se consegue por meio da inteligência para criar planos e cálculos, senão por uma atividade completamente diferente, entrando na experiência de sofrimento com os olhos bem abertos (Jaspers, 1959).

Ao realizar essa mudança de atitude e permitir-se observar esse novo mundo, dá-se o primeiro salto para a segunda etapa que propõe Jaspers (1959), *o esclarecimento da possível existência*; nesta etapa, a pessoa poderá avançar em direção à descoberta de novas possibilidades (Jaspers, 1959).

Ao restaurar a *disposição afetiva*, a pessoa novamente se abre para o mundo para habitá-lo; em sua relação com o entrelaçado de relações, pode ver a si mesma como possibilidade e relacionar-se com o que descobre, ou seja, tornando-se consciente de si, torna-se responsável por suas possibilidades (Boss, 1963); nesse relacionar-se com o que descobre, encontra valores que antes não via.

É bom recordar que "os valores são qualidades independentes dos objetos, das situações, das pessoas e das ações onde habitam para serem captados pela pessoa que avalia, conferindo assim a característica de 'bem' àquilo onde tais qualidades foram incorporadas" (Martínez, 2014, p. 69-70); ou seja, nós descobrimos valores, nós os antecipamos de uma maneira intuitiva, repercutem afetivamente e convocam-nos (Martínez, 2014), nós os descobrimos no mundo que habitamos; por isso, a *disposição afetiva* é aquela que nos permite vincular ao mundo como possibilidade e, ao mesmo tempo, captar os bens depositários desses valores, fazendo-nos sentir atraídos por eles (Martínez, 2014). A realização dos valores dá sentido à nossa vida.

Quando o relacionamos com o tema central deste artigo, podemos descobrir que, na experiência de sofrimento, o que deixou de existir é o *bem* depositário, os valores deixam de ser captados, primeiro pelo choque emocional que implica a chegada da situação-limite, em segundo lugar, a pessoa fecha-se para o mundo – como resposta natural de cuidado –, impedindo a captação dos valores no mundo, porque, ao fechar-se afetivamente para o mundo, aparece uma névoa que não deixa captá-los na nova situação. Isto era o que se apresentava na etapa da *angústia daquele que conhece*, mas, por meio de nosso acompanhamento, fomos entrando pouco a pouco no novo mundo, a névoa foi se dissipando e começamos a clarear uma existência possível ao voltar a descobrir valores; em algumas ocasiões, a pessoa pode descobrir que os valores e o sentido que acreditava perdidos continuam estando presentes, mas de uma maneira espiritual, porque o sentido vivido, embora já não esteja presente, não necessita do tempo nem do espaço na transcendência. Em outras palavras, a pessoa pode descobrir que esses valores que acreditava perdidos continuam repercutindo afetivamente e que podem ser encontrados em novos *bens* depositários, porque o sentido é suscetível de atualização (Martínez, 2014) e as recordações também podem ser *bens* depositários de valores; o sentimento de nostalgia é a melhor maneira de fazer presente o sentido, porque nele recordamos algo que nos deu profunda alegria no passado e esse sentimento mantemos como uma presença ausente.

Durante esta etapa, acompanhamos para que a pessoa descubra e atualize os valores, mas, para que essa reflexão se converta numa experiência com sentido, devemos dar um novo salto para a terceira etapa que nos propõe Jaspers (1959), *apreendendo a existência possível*.

Neste momento, nós os acompanhamos para a realização, porque o sentido implica decidir-nos, entregar-nos na ação. No segundo momento, realiza-se a descoberta da possibilidade, mas, sem ação, é uma simples reflexão; na realização, descobrimos o sentido, a existência torna-se real porque fica depositada em nossa história, que não necessita ser mencionada (Jaspers, 1959). O sofrimento oferece-nos um sentido porque nos torna mais livres, pois já sabemos que podemos viver sem algo que antes acreditávamos ser indispensável; amadurecemos e crescemos (Martínez, 2014). Também descobrimos que a pessoa que pode seguir sendo um *si-mesmo* na infelicidade... tem paradoxalmente que se aventurar e arriscar a ser feliz (Jaspers, 1959). Também podemos descobrir que quando já não há nada a fazer, porque já não podemos descobrir o sentido e a felicidade de existir, podemos amá-los no outro (Jaspers, 1959).

Como conclusão, podemos dizer que, quando aparece o sofrimento, eu posso apoderar-me dele e torná-lo próprio; num primeiro momento, lamento e sofro verdadeiramente; pouco a pouco, trato de não evitá-lo, vivo em tensão entre a vontade de dizer "sim" para o meu sofrimento e de nunca poder dizer "sim"; luto contra o sofrimento para limitá-lo, para adiá-lo, mas, pouco a pouco, passo de senti-lo como algo que me é estranho a tê-lo como algo que me pertence (Jaspers, 1959). Ao torná-lo próprio, descobrimos o que nos diz, começamos a esclarecê-lo, para depois poder realizá-lo no mundo, descobrindo que a vida tem um sentido antes, durante e depois da chegada deste companheiro invisível.

Compreendendo o luto

A vida de todo ser humano acaba da mesma maneira. São somente os detalhes de como viveu e como morreu que diferenciam um do outro.
Ernest Hemingway

Depois de ter falado sobre o sofrimento, podemos compreendê-lo como a perda de uma relação de sentido, devido a que não ficamos isolados e paralisados no mundo, mas conseguimos descobrir valores que nos moveram para realizá-los e torná-los próprios. Quando perdemos essas relações, experimentamos sofrimento, mas uma vez que conseguimos passar pela etapa de choque emocional, podemos enfrentá-lo através de três momentos buscando reintegrar, de uma nova maneira em nosso mundo, a relação perdida. Isto significa que tivemos uma perda de relação espacial-temporal, que nos afeta no biológico, no psicológico e no espiritual, ou seja, afeta-nos em toda nossa existência. Segundo dados estatísticos, a cada ano, morrem 56 milhões de pessoas; se cada uma dessas mortes afetasse unicamente cinco pessoas, isso resultaria que cerca de 300 milhões de pessoas por ano estariam de luto, aproximadamente 5% da população mundial (Heath, 2008).

Isto me leva à pergunta: O que é o luto?, começando com o que mais comumente ouvimos as pessoas dizerem: "Você tem que fazer o luto"; neste caso, parece que falamos do luto como se fosse um processo que devemos atravessar, como se fosse a única forma de sentir-nos melhor e seguir adiante. Outras pessoas podem dizer-nos: "É que está de luto"; neste caso, dá a sensação de que se está dentro de algo, mas onde entra a pessoa que está de luto? É possível que o luto seja um período de tempo que vivemos para depois sair dele? Entramos de uma maneira voluntária? Ou a vida obriga-nos a entrar nesse processo? Poderíamos ver o luto como uma forma de abertura para o mundo, como uma forma de habitar o mundo, que, durante esse período, vivemos de uma maneira diferente, não como uma forma boa ou má, mas como uma forma de abrir-nos e habitar o mundo.

Por outro lado, se vamos ao campo da etimologia, vemos que a palavra *duelo*[23] vem (Corominas, 2011) do latim *duellum*, que significa combate ou luta entre dois, como consequência de um desafio. Dessa primeira parte, gosto da ideia de uma luta e de um desafio; daí também deriva "dor" e remete-nos a rever o termo em espanhol *doler*, que deriva do latim *dolere*; daí também derivam "doente" e "dor"; do latim *dolor*, deriva *dolus*: *duelo*. De tudo isso, podemos ve-

---

23. O termo *duelo*, luto em português, foi mantido a fim de que a explicação que se segue tenha sentido.

rificar que o luto também pode ser considerado como um estado afetivo.

Surge então uma nova pergunta: O luto é um estado afetivo ou é um processo? Se falamos de um estado afetivo, estaríamos caindo num reducionismo, porque a perda de uma relação com sentido afeta todo o ser e, como escrevemos antes, afeta o biológico, o psicológico e o espiritual; então podemos dizer que afeta sua existência, ou seja, sua forma de *ser-no-mundo*. Toda esta existência estará afetada pelo tempo; então falaríamos de um processo vivido no tempo.

Como assinalamos antes, o luto relaciona-se com um "desafio" e a RAE, numa de suas acepções, define-o como: enfrentar as dificuldades com decisão. Quando respondemos às dificuldades, nós as vemos de frente, não procuramos esquivar delas; além disso, propõe que é um ato de decisão da pessoa, não é algo imposto pela vida, mas que somos atores e não vítimas, propõe que somos nós que damos as respostas às perguntas que a vida nos faz e fazemos isso a partir de nossa vontade livre.

Com tudo isso, podemos compreender o luto como um processo existencial, originado pela perda de uma relação de sentido; o luto prepara-nos para enfrentar o sofrimento, ou seja, enfrentar o que gera a perda – não o evitando ou distraindo –, buscando compreendê-lo, aceitá-lo, transformá-lo e reincorporá-lo ao nosso novo mundo.

O luto gera uma série de manifestações que, em muitas ocasiões, não são identificadas com facilidade nem se diferenciam claramente; como exercício pedagógico, podemos assinalar as manifestações específicas em cada uma das dimensões humanas:

- **Biológica**: boca seca, aperto no peito, garganta fechada, falta de ar, hipersensibilidade ao ruído, falta de energia, suor frio, alteração do sono, alteração da alimentação etc.
- **Psicológica**: labilidade emocional, apatia, culpa, solidão, abandono, impotência, insensibilidade, experiência de distanciamento do mundo, sentir-se estranho, ruminação, incredulidade, dificuldade de atenção etc.
- **Espiritual**: vazio existencial, perda de valores e sentido.

A expressão do luto

Talvez a expressão mais comum que vamos encontrar pela perda sejam as lágrimas. O escritor francês Alphonse de Lamartine diz que depois do sangue, o mais pessoal que pode dar um ser humano é uma lágrima que, segundo parece, contém endorfina; essa seria a razão pela qual chorar gera um alívio; as lágrimas emocionais estão compostas por concentrações de proteínas e excretam substâncias químicas que são produzidas no corpo pelos níveis de estresse (Gómez Sancho, 2018).

Outros lutos

Estamos acostumados a que o luto seja resultado da morte de um ser querido, mas não é a única experiência que pode gerá-lo. A seguir, falaremos de outros tipos de luto.

- **Luto por rupturas amorosas**: neste tipo de luto, Gómez Sancho (2018) propõe que, para algumas pessoas, o luto depois de um divórcio é mais devastador do que o vivido por uma morte porque, quando uma relação acaba pela decisão da outra pessoa, há mais do que pena; e continua dizendo que se experimenta a rejeição do mais íntimo de si mesmo; por isso, não apenas deve lutar contra a perda da pessoa que amava, mas também contra o desprezo de sua autoestima.
- **Luto por perdas afetivas**: quando as amizades são rompidas por dificuldades na relação ou distanciam-se por diferentes razões, como uma mudança de casa ou instalar-se em outras latitudes do mundo, embora existam sistemas de comunicação que nos permitem continuar em conexão apesar da distância, essa separação também pode estar afetada pelos fusos horários, gerando também dificuldades na conexão. Toda perda, embora não esteja forçosamente ligada à morte, implica a necessidade de um luto, a diferença é que uma separação não mortal sempre deixa aberta a esperança do reencontro (Gómez Sancho, 2018).

Esses dois primeiros lutos baseiam-se na capacidade que temos de gerar relações com outras pessoas; tanto os humanos assim como os chimpanzés têm instintos sociais que permitiram a nossos antepassados formarem amizades e hierarquias, caçar e lutar juntos (Harari, 2018), gerando relações de cooperação e de cuidado mútuo; por isso, quando nos encontramos com outras pessoas, consegue-se criar diferentes tipos de relações, como as amorosas, fraternas e de amizade. Como vemos, não nos movemos no vazio nem ficamos isolados, mas vivemos em relações com outras pessoas e, quando acabam, deixam em nós recordações às quais podemos recorrer (Lukas, 2002). Uma mostra fascinante encontramos nas correspondências amorosas.

• **Luto evolutivo**: "Cada passo que se dá para a frente, ao mesmo tempo que gratifica e oferece novas oportunidades, significa que se está deixando algo para trás. É possível afastar-se disso com um sentimento de desilusão e ira, mas na medida em que o passado contenha coisas que uma pessoa valoriza e considera boas, sentirá tristeza e aflição ao abandoná-las" (Gómez Sancho, 2018, p. 2). Com isso, fazemos referência àquelas situações em que não existem perdas afetivas "para fora", mas que são próprias da pessoa e isso se deve a situações ocultas, inclusive inconscientes, que são produto de seu processo evolutivo. São perdas internas que não são reconhecidas com facilidade, como as mudanças psíquicas, transformações dos esquemas e das vivências do próprio corpo, acesso a novas etapas da mente e afastamento de antigas etapas do desenvolvimento (Cobo, 1999).

Vocês se lembram da primeira vez que lhes disseram "senhor/senhora", quando alguém se levantou no metrô e cedeu o banco, quando seu sobrinho fez piada sobre a sua idade, quando seus filhos tiveram sua primeira namorada e sentiram que estavam dizendo adeus à juventude? Lembram o que sentiram nesses momentos? Quando se vai perdendo a capacidade sexual e reprodutiva; na mulher, é chamada de *menopausa* e, nos homens, de *andropausa*. Quando os filhos crescem e vai diminuindo a função parental; em algumas ocasiões, isso é chamado de *síndrome do ninho vazio*. Todas essas experiências fazem parte do luto evolutivo, são perdas produzidas pela evolução do ser humano em todos seus aspectos e, em alguns casos, requerem acompanhamento.

- **Luto por mortes parciais**: refere-se às amputações corporais derivadas de acidentes ou que sejam realizadas em intervenções cirúrgicas por enfermidades graves. Também neste tipo de luto falamos sobre a perda de funções produzida por enfermidades como uma isquemia ou uma trombose. Em geral, esse tipo de perda é trabalhado mais pela neuropsicologia, mas verificou-se que combiná-lo com processos de acompanhamento melhora os resultados.
- **Luto do trabalho**: faz referência à perda de valores relacionados com o sentido do trabalho; este é um tema pouco estudado, mas, em meu consultório particular, pude observar como essa perda abre as portas para um processo de luto. Para algumas pessoas, é difícil voltar a encontrar um trabalho onde possa conectar-se com as experiências de valores de criação. Devemos ter muito cuidado porque é diferente uma crise econômica por falta de trabalho e uma perda de sentido no trabalho.
- **Luto migratório**: os fenômenos migratórios podem ser experiências que trazem uma grande quantidade de

benefícios, mas também podem ser uma experiência problemática. O luto migratório pode ser importante em ambas as experiências. As pessoas que têm uma migração exitosa enfrentam um luto, em geral, relacionado com as mudanças culturais ou pelas pessoas que deixaram no outro país; este tipo de luto requer um acompanhamento que certamente vai ajudá-las na adaptação à sua nova vida. Quando a migração é problemática, vão requerer trabalho em vários campos, tanto de acompanhamento como de apoio psicossocial. É importante ter em conta que a segunda situação é a mais frequente. Conheço pessoas que trabalham nesses projetos em Londres e Zurique, dando apoio às pessoas que buscaram novos horizontes em sua vida.

A vida é esse espaço de tempo que temos entre o nascimento e a morte; durante esse período, encontramos e realizamos relações de sentido, algumas podem durar anos, outras serão curtas e outras vão se perdendo no caminho. Viver é encontrar-se numa permanente relação com o mundo, experimentamos um constante nascer e morrer, mas é precisamente nesse morrer que somos convocados a decidir-nos, a cada momento, a viver e continuar em nosso caminho para seguir encontrando e realizando sentido.

Diagnóstico diferencial

As diversas formas de relação de cada ser humano com o mundo e consigo mesmo estão influenciadas pelo modo de ser específico que coconstruiu cada pessoa; esses modos de ser são o resultado da interação de cada uma das dimensões que moldam essa unidade/totalidade inerente ao humano (Frankl, 2001b, 2012). No caso do luto, podem ser geradas confusões devido à expressão do mal-estar gerado pela perda de uma relação de valores e sentido de vida. Podem ser geradas confusões com a depressão e a ansiedade.

- **Depressão maior e luto**: o luto expressa-se de diferentes formas em cada pessoa. Pode aparecer o sentimento de tristeza intensa, ruminação sobre a perda, insônia, falta de apetite e perda de peso; essas expressões do luto também fazem parte dos critérios diagnósticos para o episódio de depressão maior ou o transtorno depressivo maior que se encontram no DSM-5 (2013), mas o mesmo manual esclarece que se se apresentam dentro do luto, de uma perda econômica, de perdas decorrentes de uma catástrofe natural, de uma enfermidade ou uma deficiência grave, são consideradas compreensíveis ou apropriadas à perda, mas convida-nos a ter presente e indagar a história pessoal do paciente, como a forma de expressão cultural do mal-estar, que pode influir no modo de expressão da perda.
- **Depressão noógena e luto**: a partir da logoterapia, podemos chegar a supor que um luto não elaborado pode desencadear uma depressão noógena; mas, para poder realizar o diagnóstico diferencial, devemos compreender a que nos referimos com esse tipo de depressão.

A frustração existencial ou vazio existencial é um dos temas que interessou a Viktor Frankl como um dos problemas de sua época e que podemos continuar vendo como se manifesta na atualidade. Gerada pela frustração da vontade de sentido, porque a pessoa se move motivada principalmente pela vontade de prazer ou poder, ela provoca a perda de orientação para os valores e o sentido, levando a desencadear na pessoa um tipo de depressão que denominamos depressão noógena. A maneira com que se manifesta esta forma de depressão também é similar aos sinais que aparecem no luto, principalmente a relação que se tem com o sentido de vida; algumas pessoas propõem que o luto pode desencadear uma depressão noógena, mas, no diagnóstico diferencial, somos conscientes de que a depressão noógena e o luto nos falam de falta de sentido de vida, mas a origem é diferente; no caso do luto, o que gera o vazio existencial é a perda de uma relação de sentido, enquanto, na depressão noógena, o que origina o vazio é não ter conseguido encontrar ou realizar um sentido de vida. Um luto não elaborado pode gerar outro tipo de depressão, que recebe o nome de depressão reativa.

- **Ansiedade de separação e luto**: o DSM-5 define a ansiedade de separação como um "medo ou ansiedade excessiva e inapropriada para o nível de desenvolvimento do indivíduo em relação à sua separação daquelas pessoas pelas quais sente apego" (APA, 2013, p. 190). A perda de uma pessoa próxima pode desencadear estados ansiosos que se manifestam no temor a perder outra pessoa ou numa constante referência a quem já não está; podemos dar-nos conta de que há uma notável semelhança entre as duas experiências e pode-se chegar a perder a origem de uma e de outra. Para isso, o DSM-5 tem um aparte onde faz esclarecimento sobre o diagnóstico diferencial entre essas duas entidades psicológicas:

> O luto cursa com intenso anseio ou desejo da pessoa falecida, desconsolo intenso e dor emocional; preocupação com o falecido ou as circunstâncias da morte são respostas que se espera que apareçam no luto, enquanto o medo da separação das pessoas pelas quais sente apego seria o centro no transtorno de ansiedade de separação (APA, 2013, p. 194).

Com este esclarecimento, podemos verificar que isto pode relacionar-se com a forma como a pessoa morreu. É importante ter presente que os sintomas que aparecem por um luto podem ser confundidos e seja gerado um diagnóstico equivocado. A dor causada pela perda de uma relação com sentido, neste caso, com uma pessoa próxima, pode despertar um temor a ter outra perda similar, mas é parte do processo que se trabalha no luto e diagnosticar este tipo de transtorno pode fazer com que percamos uma grande oportunidade de aprendizagem durante o trabalho de luto.

A morte tem a particularidade de ser uma situação-limite que ilumina o mundo; se eu pensar na iminência da minha morte, é bem possível que cheguem à minha consciência as pessoas mais valiosas para mim, certamente surgirá meu sobrinho, minha mãe e outras pessoas que dão sentido à minha vida; notem que, se chegamos a diagnosticar uma ansiedade de separação e também medicamos, estamos perdendo a oportunidade de colocar em destaque e conversar sobre essas pessoas que ainda continuam presentes como uma experiência de sentido; os sentimentos são o subjetivo do objetivo que são os valores que dotam de sentido nossas relações mais significativas. Um acompanhamento nesta experiência de temor pode ajudar-nos precisamente a iluminar relações ainda presentes, onde podemos seguir descobrindo sentido.

Quero agregar que não me encontro numa posição de antimedicação, mas é importante ter presente o diagnóstico diferencial, porque um diagnóstico equivocado ou apressado neste tema pode dificultar o trabalho de luto. Existirão casos em que a medicação é requerida.

Luto por morte súbita

O acompanhamento num processo de luto varia dependendo do tipo de morte que se apresenta; é diferente uma pessoa que morre por uma enfermidade terminal ou por idade avançada de uma pessoa que morre por um enfarte fulminante. A morte súbita é aquela produzida sem aviso, o que requer uma compreensão e uma intervenção diferentes; em geral, são mais difíceis de elaborar (Gómez Sancho, 2018).

Na mitologia grega, diz-se que a Grande Deusa Necessidade, que recebe o sobrenome de "o implacável destino", concebeu três filhas: Cloto, Láquesis e Átropos, também conhecidas como as "Parcas". Segundo conta o mito, elas cuidam do fio da vida, vão elaborando-o no fuso de Cloto, depois é medido com a vara de Láquesis e, finalmente, é cortado pelas tesouras de Átropos; esta última é a mais temida, porque é quem corta o fio da vida. Nesse mito, faz-se referência à temporalidade como uma das condições básicas do ser humano, mas, principalmente, ligada à imprevisibilidade dessa temporalidade. Em alguns momentos, podemos considerá-la como uma maldição da vida, quase como uma brincadeira perversa, mas há quem possa suportar o fato de conhecer a data de sua morte? É bem possível que se paralisasse e, em alguns momentos, parecesse um prisioneiro condenado, não à morte, mas à vida. A maioria das pessoas estão conscientes de que a morte pode chegar a qualquer momento, porque a morte nos acompanha como se fosse o vento: sempre está aí, embora não o possamos ver; quando chega, geralmente, nós o experimentamos como algo abrupto e no momento inadequado.

As pessoas que experimentam a morte súbita de alguém próximo, em geral, enfrentam as seguintes experiências[24].

- **Ao sobrevivente, parece que a perda não é real**: as pessoas que sobrevivem, frequentemente, convivem com a esperança de que a morte do ser querido tenha sido somente um sonho; experimentam-na principalmente quan-

24. As características foram tiradas de J.W. Worden e desenvolvidas pelo autor a partir de sua própria perspectiva.

do toca o telefone, quando regressam para casa ou quando chega alguém; essa pode ser uma situação que se experimenta durante o que se chama de choque emocional e na qual, às vezes, podemos acompanhar as pessoas para que possam atravessá-lo.

- **Aumento dos sentimentos de culpa**: tais sentimentos são frequentes depois de qualquer tipo de morte, mas, no caso da morte súbita, esses sentimentos podem aumentar. O trabalho da logoterapia e análise existencial leva-nos a ter presente que pode tratar-se de uma culpa real ou uma irreal; o trabalho com esse tipo de culpa é diferente para cada uma delas e encontra-se em outro capítulo do presente livro.
- **Necessidade de culpar alguém**: a morte súbita gera, na maioria dos casos, a sensação de que poderia ter sido evitada e, por isso, busca-se culpar as pessoas que, de alguma maneira, estiveram envolvidas na situação, essa pessoa ou pessoas que falharam e, como consequência, nosso ser querido já não está conosco. Esse tipo de pensamento que, em muitos casos, é ruminante, evita que entremos em contato com a experiência de sofrimento que estamos vivendo. Essa característica relaciona-se também com a próxima: a impotência.
- **Experiência de impotência**: a sensação de não ter podido fazer nada reflete-se também na raiva, no sentir que tiraram uma pessoa importante de sua vida, que, ao perdê-la, a vida muda e perde sentido.

- **As implicações legais**: a morte súbita pode apresentar-se de diferentes maneiras; pode ser natural ou por erros humanos. Estes últimos têm uma implicação direta com o luto. As implicações legais que podem apresentar-se fazem com que o luto seja adiado de algum modo, impedindo que as pessoas possam centrar-se no trabalho do sofrimento que estão experimentando.
- **Os assuntos não resolvidos**: em geral, este ponto pode ser confundido com o aumento dos sentimentos de culpa do ponto 2, mas aqui fazemos referência aos assuntos pendentes do falecido. Às vezes, as famílias dividem seus papéis; por exemplo, uma pessoa fica encarregada da família e a outra de um negócio familiar; quando a pessoa morre de forma súbita, o ter que se ocupar daquilo de que antes não participou pode gerar um grande nível de angústia e estresse, que, às vezes, atrasa o início do processo de luto.
- **Aumento da necessidade de entender**: em geral, em todas as mortes, as pessoas buscam entender o que aconteceu, mas, no caso da morte súbita, aumenta essa necessidade de entender; novamente, o pensamento atua no sentido de não permitir que a pessoa se aproxime da experiência de sofrimento.

Todas essas características que acabamos de apresentar fazem com que a pessoa fique por maior tempo na primeira etapa do processo de enfrentar o sofrimento: a angústia do cognoscente, ou também se pode encontrar como a solidão do cognoscente.

Pensando as perguntas

A arte de fazer perguntas

Julgue um homem por suas perguntas
em vez de fazê-lo por suas respostas.
Voltaire

Durante uma parte de nossa infância, começamos um período que conhecemos como a etapa do "por quê?"; incrivelmente vendem-no como um momento muito difícil da infância e certamente tem a ver com a grande capacidade de perguntar que temos como seres humanos; para muitas pessoas, é uma etapa muito difícil; segundo me contaram, pode ser exaustivo receber tantas perguntas para as quais nem sempre temos as respostas; algo aqui me chama muito a atenção: por acaso, devemos ter todas as respostas?

Isto me leva a perguntar-me: O que ocorre conosco quando não temos respostas a certas perguntas? Por que nos acostumamos a ter respostas? É bem possível que tudo isso venha de alguns modelos pedagógicos que deram maior importância ao memorizar datas, lugares e eventos relevantes, ou seja, maior importância às respostas do que às perguntas, criando a ideia de que as primeiras importam mais do que as segundas; enchendo-nos de certezas porque, como dizem por aí, o importante é ter respostas ou, pelo menos, o telefone de quem sabe. Quando eu estava no colégio, uma de minhas matérias favoritas era geografia e ensinaram-nos que as neves perpétuas começavam a 3.900 metros acima do nível do mar e eu aprendi isso; ficou na minha memória de longo prazo.

Em maio de 2014, tive a oportunidade de ir a Salzburgo, uma cidade rodeada por muitas montanhas e muitas tinham neve; o estranho era que eu as via como muito próximas, parecia-me estranho. Então perguntei, eu sempre fui muito questionador: Esta montanha, quanto mede? E disseram-me: Essa montanha mede 1.400 metros. Eu rapidamente comecei a buscar a informação no meu disco rígido e, dentro de minha lógica até esse momento, comecei a pensar o seguinte: Bogotá está a 2.700 metros de altura, ou seja, se Bogotá estivesse na Áustria, estaríamos em neves perpétuas; minha cabeça foi ficando muito confusa e era algo que não conseguia organizar por causa da minha "certeza" que tinha aprendido no colégio.

Uns dias depois, subi nessa montanha, seu nome é Untersberg, que, em geral, fica coberta com neve, e aprendi algo: parece que as certezas também dependem do lugar. O grande problema delas é que nos levam a acreditar que o mundo é de certa maneira e aprendemos que o mundo funciona assim, mas, quando chegamos e não é como acreditávamos, começam a surgir algumas incoerências (como se passou comigo com a da montanha), e nos fazem suspeitar que algo está se passando.

Felizmente existe a filosofia que nos levou precisamente a aprender a importância da pergunta acima das respostas, porque a filosofia não busca respostas, mas perguntas que nos abrem para as possibilidades; por isso, a partir da atitude filosófica, quando temos uma certeza, ou seja, uma resposta, dela é gerada uma nova pergunta, levando-nos a aprender a perguntar. Em geral, não é fácil viver desta maneira porque encontrar perguntas e não respostas faz com que enfrentemos a angústia da incerteza e esta tem má fama; até pode chegar a ser considerada como um fracasso; algumas pessoas pensam que cada decisão que tomamos deve estar acompanhada de certezas, ou seja, de respostas, e dedicamo-nos a buscá-las para evitar que nos equivoquemos, porque parece que isso nos torna, definitivamente, seres humanos piores: que difícil é viver sem certezas; por isso, nós as buscamos e evitamos as perguntas.

Quando eu estava na faculdade de publicidade, em algumas ocasiões, meus amigos me diziam: Nunca pensou em estudar psicologia? Eu lhes dizia: Não, já tomei uma decisão e devo manter-me nela. Nessa época, estava convencido de que as "boas" pessoas mantinham-se em suas decisões, ou seja, mantinham-se em suas respostas. Essas crenças tornaram muito difícil tomar a decisão de deixar uma carreira e lançar-me no vazio da incerteza e estudar psicologia; quando falo deste tema com alguns adolescentes, eles me dizem: Sério? É permitido equivocar-se? E sim, é permitido.

Certamente, um dos grandes medos de não ter as respostas é a possibilidade de equivocar-se; então nos dedicamos a buscar respostas e, além disso, que sejam exatas, como se elas nos permitissem evitar a incerteza e, ao ter certezas, não nos equivocar. Então nos dedicamos a buscar livros com respostas, estudamos para ter respostas, conversamos com pessoas para ter respostas, seguimos pessoas porque nos dão respostas e, dessa maneira, o mundo torna-se cada vez menor, mais reduzido e, quando o mundo é experimentado como algo reduzido, volta a aparecer a angústia, a ansiedade ou a depressão, porque essa sensação de estreiteza é a redução das possibilidades de perguntar, de ampliar o mundo, da alteridade e da liberdade.

As perguntas também têm sua própria experiência do tempo, as perguntas geralmente desaceleram o tempo, enquanto as certezas aceleram-no; estamos numa época na qual tudo vai em alta velocidade, mudando muito rapidamente, e isto se deve à velocidade das comunicações, queremos comunicar-nos rapidamente e Apps, como o WhatsApp, aceleram a comunicação; o Instagram facilita conhecer alguém, isto é, podemos ter respostas e as certezas rápidas, tornando-nos, em muitas ocasiões, intolerantes ao não saber, buscando quem nos dê respostas e respostas agora mesmo; dessa maneira, surgem outros Apps, TikTok, respostas rápidas e curtas; já nem sequer lemos o primeiro parágrafo da Wikipedia, mas buscamos o vídeo nas redes sociais e, quanto mais curto, melhor. Caímos num mundo não somente estreito, mas também simplificado, queremos que seja fácil de compreender, e o que não se acomoda nesses preceitos, vamos deixando de lado. As certezas e respostas rápidas fazem com que vamos mais rápido pela vida, passando por cima do emocional e perdendo a bússola que permite orientar-nos no mundo. Mas vejamos um exemplo da cotidianidade: você, alguma vez, foi dirigindo por uma autoestrada ou foi por um lugar muito rápido e, quando começaram a buscar as placas da autoestrada para encontrar a saída para onde ia, diminuiu a velocidade? Diminuir a velocidade é um dos elementos mais importantes que tem a ver com as perguntas, porque as perguntas desaceleram a existência, enquanto as certezas garantem uma segurança e permitem manter-se numa velocidade alta e constante; as perguntas desaceleram e, numa época em que tudo é rápido, parece que isso não é permitido, quanto maior a velocidade, menor a incerteza e já sabemos que esta não é muito bem-vista.

Assim, vão aparecendo outras soluções centradas nas respostas e são os "gurus" que nos dizem o que é, como é o mundo, dão as respostas que não temos e dizem como viver. Num mundo onde desejamos centrar-nos nas respostas, a melhor solução está nos "sábios"; essas pessoas ajudam-nos a eliminar as perguntas que geram em nós tanta incerteza e dão-nos respostas que parece que podem ser aplicadas a todas as pessoas, acreditando que existem verdades universais, dando passagem ao fanatismo, que nega a outra forma de ver o mundo.

Na atualidade, falamos muito do pensamento crítico, mas chama a minha atenção que nas redes sociais falem de pensamento crítico, mas parece que o confundem com o ato de criticar e impor verdades mediante a desqualificação da própria pessoa. O pensamento crítico é aprender a perguntar-nos pelo que consideramos verdade, mas parece que somente o realizamos sobre os demais e não sobre nossas verdades; isto também se aproxima do fanatismo de que falamos antes. O pensamento crítico é a atitude filosófica que nos leva a pensar o pensado, ou seja, a perguntar-nos por nossas respostas.

Estamos numa época em que se pode conseguir respostas muito facilmente; entro no Google, busco a minha dúvida e pronto; o tema é que há demasiada informação na Internet, o que aumenta a incerteza, mas eu me pergunto se a questão é se busco informação para ter certezas ou para compreender que há tanto conhecimento que nunca poderei ter tudo e aprender a desfrutar o não saber; ou será que considero o "não saber" como algo ruim?

Usemos a geometria para compreender isso de uma maneira mais visual; suponhamos que o conhecimento se pareça a um círculo, onde a circunferência é o conhecimento que sabemos que existe e o raio seria o nosso conhecimento (figura 7):

Figura 7

Mas, se seguimos aprendendo novos conhecimentos, somos cada vez mais conscientes de tudo que nos resta aprender e, dessa maneira, o círculo seria diferente, porque quanto maior o raio – nosso conhecimento –, maior é a circunferência – o conhecimento (figura 8):

Figura 8

Para aprender, devo reconhecer com humildade que ainda há muito conhecimento que desconheço, posso aceitar que há mais coisas que não sei e é aí onde surge o pensamento crítico, porque me abro para as perguntas, as perguntas que permitem aprender a conhecer e que levam a novas perguntas; como mencionamos antes, os gurus ajudam-nos a abrir-nos para a pergunta, enquanto o falso guru nos leva às respostas.

Max Erich nos diz: a tecnologia é o dom de organizar o mundo de forma que não possamos experimentá-lo. Mas o problema não é a tecnologia, é a forma como a usamos; por exemplo, uma faca: com ela podemos passar uma deliciosa manteiga, cortar um pedaço de carne ou até assassinar, depende da forma com que a usamos.

Num mundo cheio de respostas, surgem as categorias; na atualidade, existem cada vez mais categorias que agrupam características de pessoas, delimitando-as e ocultando a maravilha do descobrir; o problema surge quando acredito que, ao definir-me numa categoria, os demais terão um mapa de como é a minha forma de experimentar o mundo, quase convertendo-me numa ideia ou numa etiqueta. O mesmo ocorre com os outros, que nos transformam numa etiqueta e nada mais do que isso.

Aqui já vamos conectando a falta de perguntas e a necessidade de respostas com o clínico; essas experiências que fazem com que nos centremos no exato, no real e não nas possibilidades, que nos fazem, de certa maneira, não aceitar algumas experiências, acreditando que a angústia ou a ansiedade são ruins, quando se trata de vivências que nos confrontam com esses limites que nos tornam humanos. Dessa maneira, aprendemos a fazer perguntas fechadas, perguntamos para estar seguros, perguntamos para não nos equivocar, perguntamos para não ter medo, para evitar o mais humano dos humanos... a angústia da incerteza.

Há psicoterapias centradas na pergunta que abre as possibilidades, que abre o diálogo e, precisamente a logoterapia e análise existencial, ao apoiar-se no método fenomenológico--existencial, fica na pergunta que se abre para a incerteza, que ativa o diálogo, que nos torna conscientes de nossa forma de habitar o mundo, que nos confronta com nossa liberdade e, muito especialmente, com a diferenciação, ou seja, o reconhecimento do outro como um legítimo outro.

Método fenomenológico e relação terapêutica

Quem quiser compreender a poesia, deve ir à terra da poesia; quem quiser compreender o poeta, deve ir à terra do poeta.
J.W. Goethe

A relação terapêutica requer um rigoroso protagonismo fenomenológico, pois, como bem dizem De Castro & García (2011): "... trata-se de que o paciente, a partir do encontro real, possa vivenciar igualmente sua existência como real e sentir suas possibilidades de ser antes de atender qualquer tipo de explicação lógica ou causal... para que esta situação seja possível, com base na hermenêutica, salienta-se a necessidade de que o terapeuta revise seus próprios pressupostos teóricos para não refletir cegamente a si mesmo no outro (ou como se diz, para não refletir seus próprios pressupostos teóricos no outro)". Foram escritos tantos livros e artigos sobre relação terapêutica, que o consideramos algo bastante óbvio no mundo da psicoterapia, mas esquecemos que, algumas décadas atrás, isto era impossível.

Quem foi a primeira pessoa que falou de relação terapêutica ou de encontro terapêutico? Certamente, levando em conta cada seguidor de uma teoria, dirão que este ou aquele foi o primeiro a fazê-lo, mas não há certeza de quem foi; é mais fácil dizer que foram diferentes autores, cada um a partir de uma latitude diferente do planeta. O que, sim, podemos falar com certeza é que Viktor Frankl, desde que ingressou no hospital psiquiátrico de Steinhof, nos arredores de Viena, para fazer sua residência, teve um comportamento que rompia com os esquemas estabelecidos da relação médico-paciente. Permitia que o chamassem por seu primeiro nome, fazia brincadeiras com as internas (trabalhou no pavilhão de mulheres), dançava com elas nos bailes organizados nas instalações, embora usassem uma camisa de força, e também procurava aprender com elas e conhecê-las melhor e, dessa maneira, encontrar formas que ajudassem no processo de mudança de cada paciente.

Na Suíça, o psiquiatra Ludwig Binswanger também propunha que a intervenção devia basear-se num encontro e a cura seria encontrada por meio do diálogo (Signoreli, 2011). Rudolf Allers, um dos mestres de Viktor Frankl, também propunha a importância de conhecer nossos pacientes o melhor que possamos, mas conhecê-los muito mais além das simples teorias, de conhecê-los em sua forma de experimentar o mundo.

É possível que isto soe óbvio agora, mas, naquela época, a questão era bem diferente; os pacientes eram objetos de observação, eram estudados à distância e, dessa maneira, seus diagnósticos eram realizados; chegavam ao consultório do psicoterapeuta, onde eram recebidos sem qualquer saudação; em seguida, recostavam-se num divã e o profissional sentava-se atrás com o objetivo de não se encararem, reduzindo ao máximo toda interação pessoal, ou seja, evitando qualquer relação entre duas pessoas.

Na atualidade, tudo isso soa muito estranho e quase louco, principalmente para uma pessoa que trabalha a partir de uma psicoterapia de orientação existencial, já que temos influências de Martin Buber, que fala de encontro existencial entre um Eu e um Tu, os quais se transformam por meio de uma atitude realizadora, e de Irvin Yalom, este expressa que o que cura é o vínculo, e acrescentamos: o que se cura é o vínculo; parece-nos muito estranho que se privilegie a busca do objetivo sobre a relação terapêutica, sabendo que a objetividade no ser humano é impossível, precisamente por sua própria humanidade que se encontra aberta para o mundo e num constante devir.

Como foi proposto anteriormente, o método fenomenológico é chave na relação terapêutica, já que se transforma numa atitude diante do paciente, que nos permite encontrar com o inovador, surpreender-nos com a experiência de um legítimo outro, para o qual nos abrimos a partir de uma atitude que leva à descoberta e ao não saber; também nos permite aprender a ver o mundo a partir do olhar do outro. Chamamos isto de empatia.

Partamos de algumas ideias que nos aproximam dos limites humanos. Como pessoas, nós nos encontramos rodeados de situações, as quais são impossíveis de serem abarcadas completamente, mas podemos dirigir-nos a uma delas; certamente será aquela pela qual nos sentimos atraídos, tornando-a própria. Chamamos a relação que temos com a situação de *experiência*. Esta relação tem um tempo de duração; ao finalizar, fica uma aprendizagem que chamamos de *vivência*; dela surgem diferentes significados, sentidos, atitudes, posturas, tom afetivo, entre outros. Estas vivências ajudam a relacionar-nos de certa maneira em particular e permitem que enfrentemos a imprevisibilidade do mundo, estas vivências através das quais o desconhecido é explicado como algo conhecido; fazem tanto bem que os convertemos em verdades (Nietzsche, 2003); em muitas ocasiões, essas verdades são somadas a outras verdades, elevando-as a categorias imutáveis, considerando que, a partir de outros pontos de vista, são significados do mesmo modo e a isso chamamos de "*a realidade*".

Esta brevíssima forma de compreender o que ocorre com as experiências e vivências mostra-nos os problemas e dificuldades que podem ser gerados. A pessoa não pode apropriar-se da totalidade da situação e, além disso, também não pode apropriar-se da própria experiência. Isto porque a pessoa somente pode aproximar-se de um fragmento da experiência, embora acredite que pode abarcá-la em sua totalidade; "seu olhar limita-se a deslizar sobre a superfície das coisas e percebe 'formas'; sua sensação não conduz em nenhum caso para a verdade" (Nietzsche, 2017, p. 23).

A grande dificuldade gerada com tudo isso é que se acaba considerando essa verdade ou vivência como se fosse algo alheio à pessoa, que o significado vem de fora e que é independente da pessoa, concluindo que "é assim" ou "assim deve ser", ou seja, tomando-o como um "fato". Esse tipo de conclusões, quando é aceito por um maior número de pessoas, converte-se em acordos que, segundo Nietzsche (2017), procuram reduzir os conflitos sobre a forma de compreender o mundo, designando ou criando uma uniformidade válida e obrigatória das coisas, onde todos nós "deveríamos" estar de acordo.

O que foi descrito anteriormente já pode suscitar algumas inconformidades; certamente alguns leitores estarão pensando que existem *fatos objetivos*. Mas falemos disso com um exemplo: se começo a olhar ao meu redor, posso observar o computador, um copo d'água, um telefone celular, livros, algumas fotografias; se olho para a janela, posso observar um complexo de edifícios de três torres, árvores, um parque, as nuvens etc. e, como diria Ernesto Spinelli (2005), todas essas coisas são reais para mim, considero-as como independentes de mim; uma mostra disso é que, se eu fecho os olhos, assumo que esses objetos continuarão existindo por si mesmos, já que os observo como uma existência separada da minha, suas propriedades físicas e sua existência fazem com que as declare como "reais".

Esta teoria da "realidade" é tomada por muitas pessoas como um fato, levando-nos a acreditar que existe uma realidade objetiva, onde há objetos que existem independentemente dos seres humanos, ou seja, de nossa consciência sobre eles; faz com que acreditemos que temos um acesso direto a esses objetos por meio de nossos sentidos e nosso cérebro (Spinelli, 2005). Como esses objetos existem separados dos seres humanos, chegamos a acreditar que os significados ou a experiência que temos sobre eles é própria deles e não da relação que estabelecemos, considerando que todos experimentam isso da mesma maneira.

Spinelli (2005) nos diz que o método fenomenológico convida-nos a questionar o que damos por fato no mundo, pede-nos que consideremos os possíveis pressupostos e juízos de onde deduzimos uma conclusão e que esta se encontra ligada a uma indissolúvel relação com a nossa forma de abrir-nos para o mundo, mediante nossos processos mentais e capacidade de construir significados. Este é o ponto de partida da investigação fenomenológica.

O método fenomenológico: aprendendo a pensar o pensado

Quando fazemos referência a teorias filosóficas ou científicas, pensamos que são desenvolvidas por filósofos ou cientistas e, às vezes, nós nos sentimos distantes dessas capacidades, mas, antes de serem filósofos ou cientistas, são pessoas. Para Heidegger (2001), o ser humano já está na possibilidade de filosofar, fazemos isso todo o tempo, embora não estejamos conscientes disso; para ele, o conceito "ser humano" significa filosofar. O problema é que essa capacidade se encontra adormecida em muitas pessoas e o que devemos fazer é liberá-la, apropriar-nos de nossa capacidade de filosofar. Ele define a filosofia como o ato de filosofar (Heidegger, 2001), ou seja, encontrar-nos num constante caminho em que as perguntas são mais importantes do que as respostas; cada resposta converte-se numa nova pergunta (Jaspers, 1959); o método fenomenológico ajuda-nos a tornar-nos conscientes de nosso filosofar e, dessa maneira, podemos desenvolver a capacidade de estar pensando o pensado. O que dificulta essa atitude como terapeutas é a necessidade de ter certezas diante da incerteza que implica o envolver-se numa relação terapêutica.

Para converter-se em terapeuta, cada país tem diferentes caminhos, mas o mais comum é estudando psicologia, realizando um mestrado em psicologia clínica e, em algumas ocasiões, um treinamento em habilidades clínicas. Esses estudos permitiram-nos adquirir um conhecimento que nos prepara para converter-nos em psicoterapeutas, mas, ao mesmo tempo, uma forma de não nos sentir angustiados diante da incerteza de uma relação terapêutica.

Todo o conhecimento que se tem das teorias psicológicas é importante porque nos ajuda a ajudar, mas também pode interferir na aproximação e estabelecimento de uma relação terapêutica porque, se ficamos no olhar da teoria, convertemo-nos em observadores do paciente e não em companheiros de viagem num processo de mudança. Quando nos abrimos para a incerteza do encontro entre duas pessoas ou mais, permitimo-nos estar num constante suspense e tomar a atitude de abertura que nos convida a perguntar e, assim, liberar-nos dos ídolos que todos nós temos e nos quais tendemos a nos refugiar (Heidegger, 2014), procurando evitar a angústia da incerteza.

Surgem-nos várias inquietudes: A psicologia é uma ciência e todo esse conhecimento científico descoberto deve ser usado em benefício do paciente com quem estamos trabalhando? Primeiramente, não estamos negando a legitimidade desse conhecimento, mas essa ciência que se encontra impressa em livros ou revistas indexadas é um conhecimento estático e, embora seja um conhecimento científico, converte-nos em observadores de nosso paciente e não em parte de uma relação entre pessoas. A ciência, assim como a filosofia, é uma ação, um verbo, porque "a ciência existe somente na paixão do perguntar, no entusiasmo do descobrir" (Heidegger, 2001, p. 29). A psicoterapia não é simplesmente a aplicação de um conhecimento escrito, mas uma aplicação em movimento desse conhecimento, "porque a ciência torna-se plástica para os fins da prática" (Jaspers, 2011, p. 873), onde o que se busca não é fazer encaixar uma pessoa numa teoria, como se fosse o "leito de Procusto", mas como essa pessoa se relaciona com esse conhecimento, ou seja, já não reconhecemos esse conhecimento como uma universalidade absoluta, na medida em que o que está no foco de seu pensar e atuar já não é tanto a "enfermidade", mas o "enfermo" (Allers, 2019).

Esta mudança na forma de aproximar-se do paciente facilita a geração de uma relação terapêutica porque é muito diferente a experiência quando o terapeuta se aproxima a partir de umas ideias preconcebidas sobre ele e quando está aberto a conhecê-lo além de uma simples enumeração de conceitos externos; dessa maneira, a psicoterapia encontra seu sentido. Toda relação e compenetração chegam a ser decisivas porque elas possibilitam a compreensão (Allers, 2019).

Podemos representar para nós o que ocorre realmente com o paciente, o que verdadeiramente viveu, como apareceu qualquer fenômeno em sua consciência, como o sente (Jaspers, 2011). Para isso, usamos uma atitude que nos possibilita pensar o já pensado; dessa maneira, quando encontramos uma resposta, nós a convertemos num sinal, que indica a necessidade de uma mudança de perspectiva, pois somente desse modo o problema poderá ser retido e uma nova solução ser buscada (Salomé, 2005). Isto nos leva a praticar um método que nos convida a viver a partir de uma nova possibilidade, uma vida filosófica (Nietzsche, 2007).

Essa nova vida filosófica pode dar um passo e ir mais além, compreendendo que o mundo é um complexo entrelaçado de relações, que representam a coconstrução de um ser-no-mundo e que não é idêntico para todos os demais seres humanos, mas que existe um mundo comum do qual cada pessoa toma seus próprios significados. Para isso, há uma forma de consegui-lo, denominada método fenomenológico. Originalmente, é uma maneira de filosofar, mas que foi levada à psiquiatria e psicoterapia como um caminho para aproximar-se do mundo do paciente.

O método fenomenológico é uma maneira de compreender e aproximar-se do mundo da outra pessoa, por meio do qual se desprende uma série de posturas que favorecem que o outro possa ser, ou seja, é um método que permite que o outro possa ser-ele-mesmo e que apareça diante de nós sem fugir nem lutar diante de alguma forma de ameaça. Para alcançar isso, o método fenomenológico transforma-se numa atitude, não numa simples aprendizagem de alguns conceitos ou no cumprimento de algumas regras, mas numa forma de relacionar-nos, dispostos a aprender como se vê o paciente no mundo: como o habita, como se move ou para onde dirige seu olhar; convida-nos a reencontrar nossa maneira ingênua de observar.

Esse método foi desenvolvido por Edmund Husserl, um matemático, nascido na Morávia (Império Austro-Húngaro), atualmente República Tcheca. Foi convencido por um amigo a assistir a aulas de um professor chamado Franz Brentano na Universidade de Viena; desfrutou tanto essas aulas que ficou dois anos em Viena e, posteriormente, dedicou sua vida à filosofia (Bakewell, 2018).

Estabelece-se como docente na Universidade de Friburgo, na Floresta Negra da Alemanha. Entre seus discípulos, encontram-se Edith Stein e Martin Heidegger; seu grupo de alunos era conhecido como "o berçário fenomenológico". Para praticar o método fenomenológico, "é necessária uma nova forma de ver as coisas" (Husserl, 1986). Mas como é o método fenomenológico?

> A primeira parte está bastante clara: o trabalho de um fenomenólogo consiste em "*descrever*". Essa é a atividade que Husserl lembrava a seus estudantes que fizessem constantemente. Isso significa que deviam eliminar distrações, hábitos, tópicos de pensamento, presunções e ideias preconcebidas para voltar a atenção ao que ele chamava de "*próprias coisas*". Devemos fixar nosso olhar nelas e captá-las exatamente como aparecem, em vez de como pensamos que devem ser (Bakewell, 2018, p. 59).

Quando ficamos em nosso conhecimento, como se fosse suficiente para conhecer nosso paciente, acabamos fazendo, como diria Husserl, uma digestão em nossa própria consciência, permanecemos fechados em nós mesmos; o risco disso é sentir-nos tão cômodos com nosso conhecimento que somente procuramos projetar nossas teorias sobre nosso paciente (May, 1977), dificultando a construção de uma relação terapêutica, impedindo-nos de conhecê-lo e enriquecer-nos, ampliando nosso mundo, como se estivéssemos fechados num aposento bonito e acolhedor, mas com as janelas fechadas (Sartre, 1939)[25]; é como nadar num mar cheio, mas, no nosso caso, cheio de conhecimento; o que buscamos é como mergulhar nesse mar, um mar vazio e, embora já conheçamos esse mar, mergulhar nele como se fosse a primeira vez.

Quando nos dedicamos a observar nosso paciente e fazer perguntas destinadas a evidenciar certos sintomas, por exemplo, a forma de desqualificar quando se sente ameaçado, ou a busca de controle quando sente angústia, ou a fuga cada vez que sente que pode ser visto como alguém não adequado, ou um pensamento a girar muito rapidamente e não pode livrar-se dele, ou o sentimento de que o mundo é um lugar sem possibilidades de realização, vemos que são simplesmente formas verbais, categorias que, sem deixar de serem observáveis por nós, "são incapazes de dar-nos a menor ideia do que significa de fato para o paciente... e do que sente nelas. E pior, estas definições nos dão a falsa impressão de que compreendemos o paciente" (Ellenberger, 1977, p. 126); ao permitir-nos não o ver a partir do olhar das categorias, podemos aprender a observar o mundo a partir de seu próprio olhar, podemos aproximar-nos para conhecer sua experiência, mas, como dizia o poeta Goethe, "a experiência é sempre somente a metade da experiência", uma experiência é isto e isto outro e isto também e, certamente, nunca será completamente própria.

Para compreender mais o que ocorre com as experiências, façamos um pequeno exercício e falemos um pouco de algo

---

25. Tradução realizada pelo autor.

que é bastante cotidiano, o café. Só pelo fato de nomeá-lo, é bem provável que tenha aparecido uma imagem, para alguns uma xícara com uma bebida preta e com uma fumaça saindo como se estivesse fazendo referência ao fato de que o café é tomado quente; para outros, aparece a imagem de quando se colocava açúcar para reduzir esse sabor amargo; é bem possível que, para muitas pessoas, essa seja sua experiência com o café e considerem que é uma bebida igual para as demais pessoas, que certamente agradará mais a uns do que a outros, mas que o café é café para qualquer pessoa. Mas, se recordamos as palavras de Goethe, essa experiência é limitada. É bem possível que, para algumas pessoas, ao se mencionar a palavra café, surjam em sua consciência as plantações de café, os cafezais ou, por que não, a associem com uma paisagem vulcânica ou a sensação de sentir-se em família. Para outros, surge a experiência de sono ou cansaço; talvez outras pessoas relacionem com sensações de ansiedade e angústia, problemas para dormir ou um digestivo. Mas o café é realmente uma bebida preta? Sabiam que isso depende do nível de torrefação do grão? Quando a bebida é escura e amarga, é porque a torrefação é alta e escura, mas também se pode beber café de torrefação média; nesse caso, a cor da bebida assemelha-se mais à de um vinho tinto, seus sabores podem ser frutados, cítricos, florais e muitos outros mais. Para um italiano, certamente será numa xícara pequena, nos Estados Unidos, será servida num grande copo de papelão, para alguns será um momento para uma experiência sensorial, para outros, algo que tomo enquanto caminho, escrevo num computador ou uma desculpa para encontrar-me com outra pessoa, mas, se de algo estou certo, é que a experiência de cada pessoa neste momento, enquanto nomeamos a palavra café, poderá ter elementos da descrição anterior, mas jamais conseguiremos ter a experiência completa; certamente, se pudéssemos tê-la, levaríamos toda uma vida descrevendo-a e continuariam existindo elementos alheios à experiência; desta maneira, podemos propor-nos uma cosmovisão: ninguém tem o olho de Deus; ao dizer isto, damos ênfase ao fato de que é impossível para os seres humanos ver um fenômeno completo, vemos partes dos fenômenos, mas continuaremos falando disso mais adiante.

Se, numa experiência tão cotidiana como é o café, ocorre isto, podem imaginar quão limitadas são as explicações que encontramos nas teorias que conhecemos sobre um paciente porque, como diria Allers (2019), estas podem levar-nos a supor que o outro atuará de determinada maneira, tal como assumimos a partir de nosso saber e de seu comportamento geral, que se demonstra numa infinidade de situações de sua vida. Estamos autorizados a basear-nos no suposto de que existe um comportamento uniforme. Não é que devamos deixar para trás as teorias que aprendemos ou a experiência adquirida durante tantas horas de exercício como psicoterapeutas; isto não é o que se busca, o que propomos é: sejamos conscientes de que sempre vivemos mais do que vivemos, experimentamos mais do que experimentamos e, portanto, permitir-nos explorar isso que está fora de nossa experiência é a principal tarefa do método fenomenológico (Dörr, 2008).

O método fenomenológico capacita-nos para captar as experiências dos pacientes com mais penetração e plenitude (Ellenberger, 1977) do que permite uma teoria ou um sistema diagnóstico. Isso não quer dizer que não nos serve a teoria ou o conhecimento de psicopatologia, fisiologia ou qualquer outra aprendizagem, mas que esse conhecimento pode impedir-nos de compreender as experiências de nosso paciente em seu mundo e também, como foi dito, pode dificultar a relação terapêutica.

Para continuar com o método fenomenológico, seguiremos com o desenvolvimento dos principais conceitos.

Principais conceitos do método fenomenológico

O termo "fenomenologia" é apresentado como o estudo dos fenômenos, que deriva da palavra grega φαινόμενο (*fainómeno*), "aparência, manifestação"; poder-se-ia dizer que é como aquilo que aparece em minha consciência; por exemplo, um pensamento, uma sensação, uma emoção, um sentimento, uma pessoa, um objeto no mundo ou qualquer outro dado. É o modo como aparece a experiência ou, dito de outra forma, fenômeno é o *dado à consciência*; o fenômeno denota qualquer coisa, objeto ou fato corrente, tal como se *apresenta em minha experiência*, num mundo fenomênico, em vez de um mundo *como é*.

Como dado complementar e esclarecedor, o termo fenômeno, que é usado na proposta de Husserl, não é o mesmo que usaram em sua época Kant, Hegel ou Marx.

A palavra fenomenologia foi usada por Hegel para a totalidade das manifestações do espírito na consciência, na história e no pensamento. Nós a empregamos para o domínio muito mais estreito da vivência psíquica individual (Jaspers, 2011, p. 65).

A intencionalidade

Para Husserl, as construções baseadas no significado do mundo apresentam-se na inter-relação entre a consciência e o mundo (a realidade); ele chamou isto de "a intencionalidade" (Spinelli, 2005).

Para introduzir-nos no conceito de *intencionalidade*, podemos fazer um exercício: tratar de não pensar em nada por alguns minutos; é bem possível que rapidamente se descubra que os pensamentos fazem de tudo, menos desaparecer, é quase como se existisse uma fábrica de pensamentos e o mais interessante de tudo é que não podem ser detidos; nesse meio-tempo, aparece toda classe de sensações físicas enquanto se segue tratando de não pensar em nada e, inclusive, enquanto se sonha, seguem aparecendo fenômenos em nossa consciência. Com este simples exercício, podemos aproximar-nos da intencionalidade, onde se observa que a consciência sempre estará dirigida a algo e isso é precisamente a *intencionalidade*; os fenômenos não aparecem como objetos físicos ou biológicos, mas como objetos dotados de um significado (Bruzzone, 2015).

A *intencionalidade* é então um dos componentes fundamentais atribuídos ao Professor Brentano, "que, em seu tratado sobre a psicologia a partir do ponto de vista empírico, publicado em 1874, havia levado a cabo uma distinção radical entre fenômenos físicos e fenômenos psíquicos. A qualidade típica destes últimos é, precisamente, a intencionalidade" (Bruzzone, 2015, p. 57), ou seja, *a consciência é intencional*, de modo que, "na percepção, é percebido algo; na representação imaginativa, é representado imaginativamente algo; no enunciado, é enunciado algo; no amor, é amado algo; no ódio, é odiado algo; no apetite, é apetite de algo etc." (Husserl, 1976, p. 491); todo fenômeno contém algo, embora nem tudo seja do mesmo modo, já que cada pessoa realiza-o a partir de sua própria *intencionalidade*; dizendo isso da maneira mais tradicional, "toda consciência é consciência de algo" (Heidegger, 2007, 2009; Husserl, 1976, 1986; Lévinas, 2006a, 2006b; Merleau-Ponty, 1969, 1994), está dirigida a um mundo que não abarca nem possui, mas ao qual está constantemente dirigida, não a um objeto como tal, mas a um significado próprio (Husserl, 1986). Não somente os objetos intencionais que permanecem iguais fisicamente podem ser diferentes na hora de percebê-los, mas podemos ter diferentes conteúdos de consciência, mesmo percebendo o mesmo objeto (Binswanger, 1961); por exemplo: as fotografias de um casamento significam algo muito importante para um cônjuge, como a demonstração de amor, afeto e uma vida juntos; mas se o casamento acaba por uma infidelidade, essas mesmas fotografias, que absolutamente não mudaram fisicamente, terão um significado bem diferente; possivelmente terão um significado de traição, dor, desilusão etc.

A realidade gera experiências e as experiências são parte dessa realidade, de modo que se poderia dizer que *minha realidade* é, em última análise, tudo o que me afeta. Como bem diria Husserl (1990, p. 61):

> O próprio viver psíquico somente se torna patente na reflexão. Por meio dela, apreendemos, em vez das coisas (*sachen*) puras e simples, em vez de valores, os fins, os úteis puros e simples, as vivências subjetivas correspondentes, as quais chegam a ser para nós "conscientes"; em seu sentido mais amplo, "APARECEM" para nós. Daí que todas essas vivências sejam também chamadas de "FENÔMENOS"; sua característica essencial mais geral é ser como "consciência [*conciencia*] de", "aparição-de" respectivas coisas, pensamentos (juízos, razões, consequências), dos planos, decisões, esperanças etc. Por isso, no sentido de todas as expressões para vivências psíquicas das linguagens populares, inclui-se esta relatividade: lembrar-se de algo, pensar em algo etc. Se este reino dos "fenômenos" mostra-se como um campo possível de uma disciplina psicológica pura, exclusivamente referida a eles, é compreensível que esta última se caracterize como PSICOLOGIA FENOMENOLÓGICA. A expressão derivada terminologicamente da escolástica para este caráter fundamental do ser

> como consciência, como aparição de algo, é INTENCIONALIDADE. No irrefletido ter conscientes quaisquer objetos, estamos "dirigidos" a eles, nossa "*intentio*" vai em direção a eles. O giro fenomenológico do olhar mostra que este estar dirigido é um traço essencial imanente das vivências correspondentes; elas são vivências intencionais.

Com esta noção ampliada da *intencionalidade*, a compreensão fenomenológica distingue-se da explicação objetiva, já que esta última limita-se à natureza verdadeira e imutável, enquanto o compreender fenomenológico é captar de novo a *intencionalidade* da consciência (Merleau-Ponty, 1994), ou seja, não se centra no *quê* do conhecimento objetivo, mas no *como* do conhecimento.

Como pessoas, somos consciência do mundo; Husserl (1986) propõe que sou quem sou, sendo pessoa de um mundo circundante; nas palavras de Heidegger (2007, 2009), somos "seres-no-mundo", não há pessoa sem mundo, habitamos o mundo; segundo Merleau-Ponty (1994), o mundo não é aquilo que penso, mas aquilo onde vivo; tudo "isso significa que não há consciência sem um mundo e que o mundo sempre é acessível nos modos nos quais 'se dá' à consciência" (Bruzzone, 2015, p. 56) e, ainda de acordo com o filósofo italiano, é uma experiência viva que temos continuamente.

Essa *intencionalidade* da consciência não é uma simples correlação de palavras, mas uma descrição de fenômenos (Lévinas, 2006a, 2006b), já que, neste momento, o que percebo é a percepção de um livro, mas é percepção de um livro de filosofia, mas, ao mesmo tempo, podemos dizer que é percepção do livro *Investigações lógicas* de Edmund Husserl e continuar dizendo que é a percepção do livro *Investigações lógicas* de Edmund Husserl, que é um dos livros que estou usando para escrever este capítulo de um livro que ainda se encontra no mundo das possibilidades, já que também a consciência pode dirigir-se a fenômenos que ainda não existem; ou seja, o modo com que o pensamento tem idealmente outra coisa diferente constitui a *intencionalidade* (Lévinas, 2006a), porque uma coisa é a cor vermelha, e outra, a experiência da cor vermelha.

É também importante esclarecer que a intencionalidade "não é um vínculo entre dois estados psicológicos, dos quais um seria o ato e o outro o objeto, nem um vínculo entre a consciência [*conciencia*], por um lado, e o objeto real, por outro. A grande originalidade de Husserl consiste em ter visto que 'a relação com o objeto' não é algo que se intercala entre a consciência e o objeto, mas que tal 'relação com o objeto' é a própria consciência. O fenômeno primitivo é esta relação com o objeto e não um sujeito e um objeto separados que devem colocar-se em contato" (Lévinas, 2006b, p. 57).

Esta relação, "para onde estar dirigido", "este ser consciência [*conciencia*] de", constitui uma característica fundamental da existência, tal e como define Viktor Frankl falando de autotranscendência ao sugerir que esta é a base da existência humana e que o mundo que habita é um mundo de significados próprios de uma dada pessoa; assim, não se pode reduzi-la a um simples objeto porque sempre é sujeito de um mundo diante do qual sempre está tomando uma postura (Bruzzone, 2015); uma pessoa sempre é diferente de uma coisa... que, em suas particularidades próprias, constituiu-se no curso da vida como pessoa que toma uma postura diante do mundo (Husserl, 1986); dito de outra maneira: a pessoa exige sempre ser reconhecida como sujeito intencional e, como tal, escapa de qualquer tentativa de objetivação (Bruzzone, 2015, p. 59); a compreensão dá-se, à medida que a conheçamos, como uma pessoa que habita seu mundo.

A partir dessas ideias, a consciência não somente não depende da natureza, como pretendia o naturalismo, mas é o naturalismo que depende da consciência; também não falamos da consciência como um "eu absoluto" criador do mundo (Lévinas, 2006b), mas, ao compreender a *intencionalidade* da consciência, vamos observar como a forma pela qual se relaciona com o mundo é a base do desenvolvimento de todas as teorias que pode construir uma pessoa sobre o mundo e, a partir daí, partem também as teorias que dão origem às hipóteses e teorias mais científicas; esta forma própria da consciência *intencional* chama-se **atitude natural**.

Atitude natural

Atitude natural é o nome que Husserl deu à forma pela qual nos relacionamos com o mundo; devemos ter em conta duas considerações que configuram a *atitude natural*:

1) Nossa relação com o mundo; onde consideramos que "'o' mundo está sempre aí como realidade" e "a realidade, eu a encontro – é o que já quer dizer a palavra – como estando aí adiante e eu a tomo tal como é vista, também como estando aí" (Husserl, 1986, p. 69); consideramos que o mundo sempre está aí e essa é a realidade em que vivemos, que todas as pessoas que vivem no mundo relacionam-se da mesma maneira, existindo uma realidade igual para todas as pessoas.

2) Sobre a ciência moderna; desde os inícios da ciência moderna, acreditava-se que poderíamos chegar a ter um conhecimento mais completo, mais seguro em todos os aspectos, ou seja, que se poderiam "resolver todos os problemas do conhecimento científico que se apresentam sobre seu solo, tal é a meta das ciências da atitude natural" (Husserl, 1986, p. 69). O tempo demonstrou que é impossível alcançar esse tipo de conhecimento, sendo muito difícil alcançar os objetivos que a ciência propunha, quando acreditava ter todas as respostas sobre um fenômeno; por isso, a importância de mudar a direção de nosso olhar intuitivo, ocupado com as coisas e as ciências, para fixá-la na consciência que pensa as coisas e faz as ciências (Lévinas, 2006b, p. 54).

Desta maneira, podemos dar-nos conta de que, na **atitude natural**, observam-se as coisas tal qual aparecem em nossa cotidianidade, como se dão para nós, ou seja, a partir de nossa *intencionalidade*, e assumimos que a realidade é assim; nas palavras de Husserl (1990):

> O problema surge num giro geral daquela "ATITUDE NATURAL", a qual permanece tanto na vida cotidiana em sua totalidade como nas ciências positivas. Nesta atitude, o mundo é para nós o universo das realidades (real) que existe de modo compreensível por si, pré-dado constantemente num inquestionável estar aí adiante,

sendo uma atitude que dá como "objetivos" os significados e as interpretações; esta atitude converte-se num ato prepotente que impõe nossa captação da realidade como um fato categórico inquestionável; dessa maneira, "entendemo-nos com os próximos, compartilhando uma realidade espacial e temporal objetiva como o mundo circundante de todos nós, que está aí e ao qual nós mesmos pertencemos" (Husserl, 1986, p. 68), onde consideramos que todas as pessoas que habitam o mundo relacionam-se com o mundo da mesma maneira, acreditando que existe uma única forma de relação possível com a realidade.

Vemos e habitamos o mundo a partir da *atitude natural*; ao permanecer nela, damos como fatos as coisas do mundo, encontramos um mundo existente diante de nós, um mundo ao qual pertencemos junto com os demais seres humanos e com toda a natureza. Em cada um de nossos atos que têm o mundo por objeto, sua existência está dada por certa, a existência do mundo é a tese geral que caracteriza a *atitude natural* (Lévinas, 2006b); nós percebemos que as coisas são assim e assim serão.

Mas como surge a *atitude natural*? Não daremos uma resposta muito elaborada, mas, como temos dito, cada pessoa é *relação* com o mundo; existindo uma grande possibilidade de relações, decide-se pelo encontro com uma de tantas possíveis relações, transformando-se numa *experiência*; quando saímos dela, fica algo em cada pessoa e a isso chamamos de *vivência*; em outras palavras, é a aprendizagem, consciente ou não consciente, que temos na vida. Essas aprendizagens podem ser da cotidianidade ou de espaços acadêmicos e científicos, para se dizer de uma maneira resumida. Essas vivências ou aprendizagens convertem-se, em parte, em minha forma de relacionar-me com o mundo, configurando *"minha" atitude natural.*

Um exemplo da vida cotidiana: uma pessoa em algum momento de sua vida sofreu de ataques de ansiedade, foi à terapia e seu terapeuta recomendou-lhe que fizesse ioga; implementou-a em sua vida, permitindo-lhe melhorar e reduzindo o sofrimento causado pela ansiedade; praticamente sua vida mudou. Sua experiência com a ioga gerou uma vivência que diz: a ioga é o caminho que devem seguir as pessoas que sofrem de ansiedade. Quando conhece alguém que sofre ansiedade, sua resposta é: "Faça ioga e você vai ver que não é necessário ir à psicoterapia". Sua aprendizagem converteu-se em algo generalizado, ou seja, o que funcionou com ela, funciona com qualquer pessoa.

Outro exemplo, mas desta vez do mundo acadêmico. Uma pessoa que tem um mestrado em psicologia clínica aprendeu muito sobre enfermidades psicológicas, transtornos de ansiedade, de personalidade etc., e chega ao seu consultório um homem que foi encaminhado para a psicoterapia depois de ter sido atendido em urgência por ataques de pânico; na clínica, receitaram-lhe um ansiolítico e deram-lhe instruções sobre manejo dos ataques. Quando o paciente relata o que está se passando com ele, chega à mente do terapeuta tudo que foi visto no mestrado, especialmente, no quarto semestre, quando estudou o modelo de intervenção da ansiedade. Sua *atitude natural* levou-o a realizar um trabalho centrado na ansiedade, sem resultados de melhoria no paciente. O que podemos ver neste exemplo é que ficou em seu olhar; se esta pessoa tivesse ido além de sua *atitude natural*, talvez pudesse realizar uma série de perguntas que levariam a conhecer a origem do sofrimento deste homem; a causa era que não tinha podido tomar uma decisão porque lhe parecia muito difícil. Aqui podemos ver que essa angústia, a angústia existencial, a que nós, seres humanos, enfrentamos ao ter que tomar decisões na vida, transformou-se numa angústia neurótica, que se aprofundava cada vez mais e mais, chegando-se a confundir com uma ansiedade, porque confundimos causas com sintomas. Seria oportuno esclarecer, já que este texto certamente será lido por terapeutas de alguma orientação existencial, que também pode ocorrer o mesmo, mas, de maneira inversa, confundir uma angústia existencial com uma ansiedade.

Com esses dois exemplos, podemos ver como uma aprendizagem converte-se em parte da *atitude natural*. Todas as pessoas têm sua *atitude natural*, mas, a partir dela, esquecemos de propor-nos a pergunta: Por que vejo o mundo dessa maneira? – porque nos centramos simplesmente no conhecimento e não na forma como conhecemos; ou seja, não somente importa o *que* conheço, mas *como* o conheço; não é negar que algo seja de certa forma ou tratar de ir para o lado oposto, trata-se antes de aproximar-nos para ver o que se passaria se algo não fosse apenas assim, e não, "em vez de permanecer nesta atitude, vamos mudá-la radicalmente. Agora se trata de convencer-se de que esta mudança é possível em princípio" (Husserl, 1986, p. 69), movendo-nos para o que chamamos de uma ***atitude fenomenológica***.

A *intencionalidade* e a *atitude natural* permitem ver o mundo a partir do olhar de cada pessoa; lembremos que, na relação com o mundo, vemos somente uma parte dos fenômenos, não é que os vemos fragmentados, somente é impossível vê-los completos, embora em muitas ocasiões acreditemos vê-los completos. Por que ocorre a experiência de vê-los completos? Para explicar isso, temos que nos aproximar das leis da percepção propostas pelos psicólogos da Gestalt e fazemos referência a uma em particular, a **lei do fechamento**; esta propõe que acrescentamos os elementos que faltam para completar uma figura; as formas fechadas e acabadas são mais estáveis visualmente, o que faz com que tendamos a "fechar" e a completar com a imaginação as formas percebidas, buscando a melhor organização possível; ou seja, de um olhar parcial, buscamos criar uma totalidade com o fim de sentir-nos num mundo estável, embora seja simplesmente em aparência. Esse processo que completa é chamado de ***interpretação***.

Quando interpretamos, estamos acrescentando nosso significado ao fenômeno percebido, o que nos leva à consideração de outro conceito da obra de Husserl, onde falaremos do fenômeno e do fenômeno percebido.

Noema e noese

Se partimos da ideia de que a consciência é intencional, sempre vai estar dirigida para o mundo, onde existe grande quantidade de fenômenos; diríamos que poderiam chegar a ser até infinitos; contudo, dirige-se a um fenômeno em particular pelo qual se sente atraída; nessa relação, existe o que chamamos de pontos da intencionalidade.

Husserl (1986) propõe que, na relação com o mundo, são experimentados dois focos ou polos: *noema* e *noese*. Para o que é experimentado, utiliza o termo *noema* e, para o como é experimentado, utilizou o termo *noese* (Spinelli, 2005).

Assim, então, podemos compreender que o *noema* é para onde se dirige a intencionalidade, seria o "quê", enquanto a *noese* é o "como" o experimentamos.

A título de esclarecimento, o termo *noema* corresponde ao grego "*noema*", que significa pensamento, no que se refere ao conteúdo objetivo do pensar, diferentemente do ato intencional. Por outro lado, o termo *noese*, que se compreende como o ato de conceber ou perceber intelectualmente algo, é derivado do grego "*nous*", que se refere à faculdade intelectiva que faz referência à intencionalidade.

Os termos *noema* e *noese* podem ser encontrados de outra forma nos escritos de Husserl (1986); *noema* pode ser encontrado como *noemático*, que vem do grego "*noematikos*", que se refere ao resultado de pensar. O termo *noese* também costuma ser encontrado como o termo *noético*, que vem do grego "*noetikos*", que se refere à faculdade de intelecção.

A fim de facilitar a leitura e a aprendizagem, utilizaremos os termos *noema* e *noese*, que são os mais usados nas formações no método fenomenológico.

Vejamos um exemplo da vida cotidiana: um grupo de amigos está conversando sobre cinema e um deles menciona a saga cinematográfica *Star Wars*, *Guerra nas Estrelas*.

Um deles gritou: É o melhor filme que fizeram!

Outro disse: Eu dormi vendo-o.

Outro diz: É bom, mas a verdade é que, para mim, dá no mesmo se existisse ou não.

Vejamos o que está ocorrendo. Primeiro, falemos do *noema*, ou seja, o "quê" da experiência, "que" é a saga *Star Wars*, *Guerra nas Estrelas*, enquanto a *noese*, ou seja, o "como", contém os elementos de referência: os vieses cognitivos, afetivos, que são a intencionalidade da pessoa; seriam: "É o melhor filme que fizeram!", "Eu dormi vendo-o" e "É bom, mas a verdade é que, para mim, dá no mesmo se existisse ou não"; viriam a ser a vivência de cada pessoa sobre o mesmo *noema*.

Como podemos ver neste simples exemplo da vida cotidiana, quando se menciona algo, o "quê", surgirá na relação a referência a um "como", ou seja, "todo representar-se refere-se a algo representado, todo julgar, a algo julgado etc." (Husserl, 1986, p. 211); o que surge nesses dois polos é a intencionalidade da consciência e, com ela, tudo o que traz da relação de uma pessoa com o mundo. Mas deixemos que seja diretamente o mestre de Friburgo que fale:

> Por um lado, temos, pois, que distinguir as partes e os elementos que encontramos mediante uma análise dos ingredientes da vivência, em que a tratamos como qualquer outro objeto, perguntando por seus fragmentos ou pelos elementos não independentes que a integram como ingredientes. Por outro lado, a vivência intencional é consciência de algo e é assim por sua essência; por exemplo, como lembrança, como juízo, como volição etc.; e assim podemos perguntar o que é preciso dizer essencialmente deste "de algo" (Husserl, 1986, p. 213).

Mas vejamos outro exemplo: uma terapeuta encontra-se conversando com seu paciente e este lhe diz: Minha mãe me odeia, acredita que sou um inútil, todo o tempo está em cima de mim. Isto chama a atenção da terapeuta, decide falar com a mãe e esclarecer isso; quando chega a mãe ao consultório, ela começa a dizer que, desde que ele nasceu, tem sido o "sol dos meus olhos", dedico-lhe mais tempo e preocupo-me muito com ele, isso fez com que eu esteja em cima dele, cuidando dele e querendo o melhor para ele. Já temos a informação das duas partes, do filho e da mãe; assim, vejamos essa situação a partir do tema que nos diz respeito; o *noema* seria o "quê", a atenção da mãe sobre o filho; a *noese* seria o "como" o experimenta cada um; para o filho, *minha mãe me odeia, acredita que sou um inútil, todo o tempo está em cima de mim*, e, para a mãe, *desde que ele nasceu, tem sido o "sol dos meus olhos", dedico-lhe mais tempo e preocupo-me muito com ele, isso fez com que eu esteja em cima dele, cuidando dele e querendo o melhor para ele.*

Outro exemplo em psicoterapia. Vejamos a seguinte situação: uma paciente chega à terapia, o terapeuta, depois de uma breve introdução, pergunta-lhe: O que a traz aqui? A paciente responde: Venho porque sou bipolar. O psicoterapeuta diz que será necessário que realize uma consulta interdisciplinar com um psiquiatra. Como exemplo, aqui podemos evidenciar o seguinte: o *noema*, sobre o "que" estamos falando, "bipolar"; a *noese*, seria "como" o compreende cada pessoa; neste caso, vemos que o "como" do psicoterapeuta é a categoria "bipolar" que se encontra no DSM-5, ele dá por certo que o "como" da paciente é igual ao dele e não duvidou dessa ideia; vemos isso ao ser enviada à consulta interdisciplinar com a psiquiatria; porque esse "bipolar" pode ser um conceito que surgiu do jargão popular, que pode ser algo como indecisa, que tem mudanças emocionais, mas que não necessariamente são os critérios de um diagnóstico de bipolaridade.

Esta história foi narrada a mim por um colega que fez parte de um grupo de estudos de caso: uma paciente, que trabalhava em temas de desenvolvimento tecnológico, era a única mulher dentro de um grupo de engenheiros e conta a seu terapeuta que, no último ano e meio, depois de receber uma promoção para um cargo de direção, tem sentido que seus companheiros tendem a explicar-lhe qualquer tema, mesmo que ela não tenha perguntado ou não tenha expressado que não conhece o tema; simultaneamente, sente que seus subalternos não recebem bem as instruções que ela lhes dá. No grupo de estudo, foi proposto que podia ser um caso de *mobbing*[26]; também foi mencionado que podia ser um caso de *mansplaining*[27]; a pessoa que apresentava o caso expressou que não era nem um nem outro, mas que sua paciente tinha um pensamento irracional e que deviam trabalhar sobre essa certeza, os pensamentos irracionais devem ser modificados. Neste exemplo, podemos ver as duas polaridades da experiência: o *noema*, o "quê" da experiência, seus companheiros de trabalho explicam-lhe diferentes tópicos e ela dá instruções a seus subordinados, são dois "quês"; por outro lado, está a *noese*, o "como" da experiência, tem sentido que seus companheiros tendem a explicar-lhe qualquer tema, mesmo que ela não tenha perguntado, e, ao mesmo tempo, sente que seus subalternos não recebem bem as instruções que ela lhes dá. A pessoa que apresenta o caso, a partir de sua *atitude natural*, considera que a *noese* não é

26. Assédio no trabalho.

27. Explicar algo a alguém, especialmente um homem a uma mulher, de uma maneira considerada como condescendente ou paternalista.

válida, já que a considera, a partir de sua teoria, um pensamento irracional que deve ser modificado, transformando a experiência da paciente num conceito clínico, que rompe a experiência da pessoa que a vive.

Há uma tendência dentro da psicologia para ocultar a importância desta relação, seja para centrar-se exclusivamente no *noema* ou na *noese*; uma das possíveis causas é a busca da objetividade na psicoterapia, trabalhando somente com o que pode ser observado e medido; desta maneira, dá-se ênfase ao *noema*, porque as ciências empíricas são ciências de "fatos"; os atos de conhecimento do experimentar que servem de fundamento real assentam-no como existente no espaço e no tempo, como algo que existe neste ponto do tempo e espaço, que puderam existir igualmente em qualquer outro ponto do tempo ou espaço (Husserl, 1986). No outro extremo, seria dada ênfase à *noese*, onde a experiência pessoal do "como" é privilegiada sobre o "quê", como se a opinião estivesse sobre os "fatos", como se o discurso da pessoa se convertesse na "realidade".

Outra das razões pelas quais não se dá importância a esta relação é porque teoricamente podemos identificar os dois focos, mas, na vida, não são completamente diferentes um do outro (Spinelli, 2005), porque são relação. Se, neste momento, peço-lhes que tragam a lembrança da última vez que foram a um restaurante, o que vem à sua mente não são unicamente os dados dessa lembrança, o *noema*, o "quê", mas também o "como" eu os experimento, a *noese*. Dessa maneira, podemos deixar mais claro que as pessoas compartilham parcialmente as experiências (Spinelli, 2005).

A obra de Husserl vai além da ideia cartesiana "eu penso", *ego cogito*, vai a um "eu penso um objeto", *ego cogito cogitatum* (Lévinas, 2006b), devido à intencionalidade, que se dá graças à sua *noese*, justamente porque esta alberga algo que chamamos de *sentido*[28] e, eventualmente, um múltiplo *sentido* (Husserl, 1986), devido a que a percepção tem um *noema* em sua percepção, ou seja, o percebido como tal (Husserl, 1986). Para o método fenomenológico, não se pode separar o *noema* da *noese*, porque são como um diálogo relacional, que tem sua ênfase no *entre*.

Certamente, em algum momento, poderemos tomar um café juntos, vamos nos sentar à mesma mesa e serviremos as xícaras da mesma cafeteira; portanto, teremos tomado o mesmo café, mas, para cada pessoa, a experiência desse café será completamente diferente, terá sido suave/forte, frio/quente, doce/amargo, desejável/indesejável. Esse café que estamos compartilhando tem os dois polos, *noema* e *noese*, mas a experiência do café compartilhado trará uma vivência diferente, uma aprendizagem distinta, essa vivência vai converter-se na forma de aproximar-nos e relacionar-nos com outro convite similar, uma experiência que lhe diz "ouça, tomemos um café".

---

28. É importante esclarecer que essa palavra sentido seria também um sinônimo de significado, mas não é o mesmo sentido de que fala a logoterapia; portanto, para nós, sentido e significado são diferentes.

A atitude fenomenológica

Para falar da atitude fenomenológica, gostaria de iniciar narrando uma experiência que descreve exatamente o contrário, isto é, uma experiência a partir da *atitude natural.*

Há alguns anos, encontrava-me em Viena com um grupo de colegas, conversávamos sobre a cidade e recomendaram-nos visitar Bratislava no dia seguinte, disseram-nos que poderíamos ir de barco pelo Rio Danúbio, lá almoçaríamos e conheceríamos a cidade; tendo em conta que são duas capitais bem próximas, ficavam distantes três horas de barco; explicaram-nos que deveríamos ir ao porto turístico no canal do Danúbio e comprar as passagens para Bratislava; tudo soava como uma viagem encantadora, um barco pelo rio imortalizado pelas valsas de Johann Strauss.

Na manhã seguinte, encontramo-nos na estação do metrô "Schottentor Universität"; esse lugar tinha se convertido num comentário divertido em nossa estadia na cidade, já que era o ponto de encontro de todo o grupo e, ao pronunciá-la, soava para nós muito engraçado. Daí fomos ao lugar de onde saem os barcos pelo rio, vimos uma placa com uma flecha grande que dizia "Bratislava"; isso nos ajudou a ficar um pouco mais emocionados, entramos e fizemos fila para comprar as passagens; ao chegar à bilheteria, eu me encarreguei de pedir as passagens para Bratislava, a pessoa que estava atendendo perguntou-me algo e eu me virei para perguntar aos meus colegas e, quando me voltei para a bilheteria, um amigo já tinha finalizado todo o processo e só faltava pagar.

Saímos da bilheteria rumo ao barco que nos levaria pelo Danúbio a Bratislava.

Enquanto íamos de barco navegando pelo rio, aproveitamos para tirar algumas fotos e conversar sobre diferentes coisas; depois de mais ou menos três horas, começamos a ver edifícios e o porto; imediatamente nos alegramos porque estávamos chegando ao nosso destino.

Comecei a contar-lhes a história de como caiu a "Cortina de Ferro", as mudanças que começaram a ocorrer na Europa oriental, a queda do muro de Berlim, a unificação das duas Alemanhas e, claro, a separação da Tchecoslováquia em dois países, a República Tcheca e a Eslováquia.

A partir deste momento, vou narrar-lhes uma parte da história e depois lhes contarei a outra parte.

Descemos do barco e ficamos impactados com a mudança da cidade em relação a Viena, já que a cidade parecia mais degradada, e os preços, mais econômicos. Perguntamos a uma pessoa como fazíamos para chegar ao centro da cidade e ela nos disse para tomar o metrô na estação "Vorgartenstrasse" e descer na estação da catedral. Efetivamente, dirigimo-nos à estação e entramos no metrô, conversávamos em espanhol, e uma garota que falava inglês explicou-nos todas as coisas que podíamos ver no centro histórico da cidade; finalmente chegamos à estação onde deveríamos descer, íamos muito emocionados de estar em Bratislava; os demais iam caminhando adiante, eu encontrei *wi-fi* e comecei a baixar o mapa da cidade para poder caminhar mais tranquilamente;

começamos a sair da estação do metrô, eu ia atrás de todos olhando fixamente a porcentagem de *download* do mapa da cidade. Quando começamos a sair da estação, no nível da rua, começaram a dizer: "Mas isto se parece muito com Viena" e olharam para mim, já que eu era o guia turístico. Eu vejo a cara de confusão e começo a olhar ao redor até fixar-me na catedral, e olhava para ela de cima a baixo, depois detalhava os edifícios vizinhos, e digo com uma voz de angústia: "Não posso acreditar, estamos em Viena".

Essa é a experiência que vivemos; agora vou contar-lhes a outra parte da história; gera certa vergonha, mas não importa, definitivamente serve para descrever, de uma excelente forma, do que estamos falando.

Ao descermos do barco, no cais, apareceram os primeiros sinais que nos indicavam que estávamos em Viena; o primeiro sinal é que encontramos na saída do cais um ônibus de dois andares que dizia "*Tour* da cidade de Viena", sim, efetivamente, era o ônibus turístico de Viena, desses que há em muitas cidades do mundo; nós o vimos e as outras cinco pessoas do grupo viram e alguém disse: "Que bom, o ônibus turístico de Viena chega até Bratislava, podemos regressar por ele" e todos concordamos; depois nos mandaram pegar o metrô, eu comprei as passagens de todos, eu me viro para eles e digo: "Incrível, mas as máquinas de venda de passagens são da cidade de Viena"; alguém acrescentou: "Certamente é operado pela empresa do metrô da cidade de Viena"; creio que, neste momento, poderão compreender a vergonha e risada que estou experimentando ao narrar-lhes esta história. No metrô, estávamos de pé junto à porta do trem e podia-se ver o mapa do metrô da cidade, uma amiga me disse: "Olha Juan, aqui em Bratislava também existe a estação Schottentor Universität"; foram vários os sinais que nos diziam que estávamos em Viena; além disso, quando já tinha me dado conta de que era a Catedral de Santo Estêvão e que estávamos em Viena, minha cabeça fazia todo tipo de manobras tratando de explicar tudo que tinha acontecido; lembro que pensei: "Por acaso, há uma linha do metrô que liga Bratislava a Viena" e, já como último recurso de desesperado tratando de explicar e encontrar uma lógica ao que tinha acontecido, "este metrô é como um buraco de minhoca"[29]; esses dois pensamentos apareceram justo quando já tinha reconhecido a catedral e todo os sinais diziam que estávamos em Viena, mas eu tinha que tratar de encaixar de alguma maneira "lógica" tudo o que se passou conosco.

Devo reconhecer que a "atitude natural" com suas interpretações jogaram contra nós. Nossa consciência estava totalmente dirigida a Bratislava e cada vez que aparecia um sinal que se opunha à nossa atitude natural, nós a completávamos com explicações, buscando reafirmar nossa interpretação do mundo... era óbvio, estávamos em Bratislava e nada podia fazer-nos desistir dessa meta, nem sequer os sinais mais óbvios.

---

29. Buraco de minhoca é um conceito da física que designa túneis hipotéticos que conectam diferentes posições do espaço e do tempo.

Na "atitude natural", tudo o que estava frente a nós era Bratislava, era a realidade, a percepção estava na capital da Eslováquia, assim como a alegria que vivemos, tudo isso é o que consideramos ser os fatos ou a realidade, mas, entre essas duas realidades, a experiência emocional e o que considerávamos que fosse "essa" cidade, existem relações, como vimos antes, entre o noema e a noese. Aquilo que acreditávamos ser Bratislava, para nós, era real e, além disso, a vivência de alegria também era real, não eram alucinações, eram devidas à nossa "atitude natural".

De certa maneira, a "atitude natural" leva-nos a dirigir a algo, como se nos levasse a concluir o que buscamos; é aí onde surgem os problemas quando estamos trabalhando com pessoas em psicoterapia porque a atitude natural do terapeuta vai levá-lo a encontrar o que quer encontrar, como se buscasse o X de mapa do tesouro, mas a psicoterapia, os diálogos não vão chegar aonde quer o terapeuta. Um processo que busca esse X parece-se mais com um interrogatório, já que o terapeuta busca chegar aonde quer chegar; o problema é que se confunde esse resultado com uma conquista do conhecimento objetivo e transforma-se numa realidade; claro que essa "realidade" dependerá do marco teórico a partir de onde parte a "atitude natural". Como podemos dar-nos conta, o que se tem aqui é a percepção afetada pela "atitude natural".

Agora passemos a falar da outra possível atitude, a que Husserl chamava de *atitude fenomenológica*. Nesta atitude, aquilo que chamamos de "realidade", produto da "atitude natural", colocaremos entre parênteses (ou melhor, entre aspas); por exemplo, nós pudemos tê-lo feito dizendo "Bratislava". Ao fazê-lo, praticamos a *epoché*, que é um "suspender" qualquer conhecimento do que estamos buscando conhecer; desta maneira,

> o observador "coloca o mundo entre parênteses", isto é, exclui de sua mente não somente qualquer juízo de valor sobre o fenômeno em questão, mas também qualquer afirmação relativa a suas causas ou a seu contexto... com este método, a observação adquire grande relevância: os elementos menos aparentes dos fenômenos manifestam-se com riqueza e variedade crescentes, com matizes mais refinados de claridade e escuridão e, eventualmente, podem aparecer certas estruturas dos fenômenos que antes passavam desapercebidos (Ellenberger, 1977, p. 127).

Assim, podemos centrar-nos nos dados primários e imediatos de nossa experiência, permitindo-nos ter uma nova forma de abertura, a de "não saber" (Spinelli, 2005), que se assemelha ao que propunha Sócrates ao dizer: "Só sei que nada sei", embora alguns outros afirmem que dizia: "Quanto mais sei, menos sei"; essa atitude, como diz Spinelli, permite um conhecimento que chega a ser mais adequado.

A "atitude fenomenológica" não está centrada em negar uma tese, rejeitando-a ou situando-se na sua antítese, mas, antes, "a tese suscetível de dúvida é 'colocada fora de ação', 'excluída', 'colocada entre parênteses', mas não desaparece totalmente; sem viver nela, podemos analisá-la e falar de suas propriedades" (Lévinas, 2006b, p. 55-56). Este colocar entre parênteses, suspender ou atitude fenomenológica, também recebe o nome de *epoché*.

> A *epoché* fenomenológica aplica-se a todas as posições existenciais da atitude natural: os juízos científicos, estéticos, morais etc. são colocados entre parênteses; nós nos proibimos de viver neles. Mas não deixamos de considerá-los; sem tomar partido a favor ou contra seu valor, sem viver neles, como fazíamos na atitude natural, consideramos sob seu aspecto concreto esta vida em si mesma, esta consciência que propõe todas estas proposições. Assim, consideramos estas últimas exatamente no modo como elas são propostas pela consciência, que estão presentes e ocorrem nela. A partir desta ótica, tais proposições não são mais do que eram na atitude natural; encontram-se agora "fenomenologicamente reduzidas". A *epoché* fenomenológica é também chamada de "redução fenomenológica" (Lévinas, 2006b, p. 56).

O mundo como "é" fica "entre parênteses"; ao praticar a redução, o que antes era uma verdade, transforma-se numa vivência, desaparecendo a crença de que existe uma realidade estrita entre o percebido e a percepção. Mas, ao mesmo tempo, fica exposta uma relação entre o percebido e a percepção ("noema" e "noese"), que podemos converter numa pergunta, transformando a mesma consciência posicional num objeto de estudo.

Quando nos encontramos numa conversação psicoterapêutica, estamos num diálogo com um paciente, nossa consciência intencional dirige-se para o seu discurso, verbal, não verbal e paraverbal, mas, simultaneamente, também temos um diálogo conosco mesmos como psicoterapeutas – acredita-se que, nesses momentos, o terapeuta deve esquecer-se de si mesmo e entregar-se completamente ao outro, esperando que ele vá aparecendo porque permitimos que ele seja de uma maneira não diretiva, mas, num diálogo sustentado no método fenomenológico, isso realmente não ocorre. Envolvemo-nos de uma maneira ativa e participativa, esse diálogo conosco mesmos é nossa "atitude natural", portanto, estamos num movimento muito interessante porque tomamos consciência do diálogo com o paciente, mas, ao mesmo tempo, tomamos consciência do diálogo conosco mesmos; este último colocamos entre parênteses, passando de uma "atitude natural" para uma "atitude fenomenológica", tornando-nos conscientes de que temos uma forma de ver algo, mas que não é "o" olhar de algo.

Lembremos que Husserl era um matemático; em muitos espaços acadêmicos de que participei, vi como este colocar entre parênteses assemelha-se às equações matemáticas; por exemplo:

$$(1+x)^2 = 1 + \frac{6x}{3} + \frac{7(3-1)x^2}{8} + \left(\sqrt{(4^2+6^2)}\right)$$

O que nos ensinaram é que primeiro é preciso resolver os parênteses; não estão dizendo que não importam, que os deixemos de lado; por isso, nossa "atitude natural", entre parênteses, converte-se em algo a ser resolvido; como terapeutas, nós os transformamos em perguntas que buscam ampliar a consciência do fenômeno que entra no diálogo com nosso paciente; este duplo movimento que se realiza na psicoterapia fenomenológica faz com que reconheçamos o diferente que é uma conversação amigável de uma conversação terapêutica; esta última implica um exercício ativo do terapeuta, onde entram todas essas aprendizagens acadêmicas e também as aprendizagens vivenciais, que se colocam entre parênteses, sendo os recursos da conversação.

Retomemos um caso que estava algumas páginas atrás; uma paciente chega à terapia, o terapeuta, depois de uma breve introdução, pergunta-lhe: O que a traz aqui? A paciente responde: Venho porque sou bipolar.

O terapeuta não fenomenológico tem uma "atitude natural" sobre o conceito bipolar e, como vimos, encaminhou a paciente ao psiquiatra por considerar que sua versão de bipolar é a mesma versão da paciente. Por outro lado, um terapeuta que utiliza o método fenomenológico é consciente de que sua versão não necessariamente é a mesma versão da paciente, decide colocar entre parênteses o conceito "bipolar", transformando-o numa pergunta que busca conhecer o campo fenomenológico da paciente: Poderia dizer-me o que é a bipolaridade para você? Quando perguntamos, buscamos que nos ensinem, conhecer o que não conhecemos e não ratificar ou encaixar minha teoria na outra pessoa. A redução fenomenológica pode exercer para o psicólogo a útil função metodológica de conhecer um significado, diferenciando-o da rigorosidade do objeto puro e simples, e reconhecendo-o como próprio da vivência intencional (Husserl, 1986).

Como teria sido diferente nossa viagem a Bratislava se, ao descer do barco e ver o ônibus turístico de Viena, não estivéssemos tão movidos por nossa "atitude natural", que nos levou a acreditar que o ônibus de Viena chegava até Bratislava. Poderíamos ter realizado uma redução fenomenológica: ônibus turístico de Viena por "ônibus turístico de Viena"; essa pequena diferença pode mudar completamente uma experiência.

Ao colocar entre parênteses a "atitude natural", não estamos afirmando que nossas aprendizagens, acadêmicas ou vivenciais, não sejam reais, nem que estão equivocadas, ou que neguemos a existência do mundo; o que buscamos é não tomá-los como "a" realidade porque, ao colocar fora de jogo a "atitude natural", colocamos entre parênteses todas e cada uma das coisas abarcadas por esta atitude, como o mundo natural, que está constantemente para nós aí adiante e que seguirá estando permanentemente como realidade de que temos consciência, mesmo que a coloquemos entre parênteses; não por isso nego o mundo, como um sofista, nem duvido de sua existência como um cético (Husserl, 1986); o que buscamos é ir além, porque consideramos que podemos conhecer mais do que já sabemos.

Husserl (1986) propõe-nos que quem tenta duvidar, tenta duvidar de algum "ser", de um "é isso!", "assim acontece!" etc., não busca duvidar de sua existência, mas duvidar de que seja "dessa" forma; o que experimentamos, enquanto segue sendo o que é, nós o colocamos, por assim dizer, fora de jogo, nós o desconectamos, nós o colocamos entre parênteses; aquilo de que duvidamos segue existindo, como o que foi colocado entre parênteses segue existindo dentro dos parênteses, mas, ao tê-lo assim, geramos uma mudança, a liberdade de relacionar-nos com o mundo para além de nossa relação atual.

Com o tempo, com um treinamento adequado e prática, vai-se conseguindo adquirir a justa atitude fenomenológica, permitindo-nos ampliar cada vez mais os parênteses. Assim, obteremos melhores resultados ao conhecer a forma com que nosso paciente habita o mundo e também surgem melhores formas de comunicar os resultados ao nosso paciente e colocá-los à prova por meio de sua descrição.

Depois de colocar entre parênteses, o importante está em continuar com a descrição mais fiel possível do que se tem fenomenologicamente e manter afastadas todas as interpretações, tendo em conta que os nomes empregados delatam interpretações e, com frequência, muito falsas (Husserl, 1986). O importante é evitar as explicações, as teorias ou as hipóteses que tornem a situar-nos em nossa "atitude natural". É preciso ter em conta que a descrição nunca poderá ser completa e que é mais um caminho do que uma meta possível. A descrição procura dirigir-nos mais ao compreensivo do que ao explicativo, este último mais relacionado a uma orientação causa e efeito que se encontra supervalorizada (Allers, 2019). Compreender para Husserl é "extrair seu significado", mas isto fracassa quando não se domina a linguagem de quem fala; não somente nos referimos a um idioma estrangeiro, mas também a uma linguagem tecnicamente especializada (Allers, 2019).

O que buscamos por meio do método fenomenológico é compreender e não entender. Como diria Allers (2019), quando assumimos o mesmo ponto de vista, isto é, vemos as coisas a partir da mesma perspectiva, nós nos entendemos; quando estou em condições de tornar meu o mundo do outro, embora não seja capaz de apropriar-me dele ou não tenha vontade de torná-lo meu mundo, eu estou compreendendo-o.

Compreender o mundo do nosso paciente é um trabalho constante e não se consegue de uma vez, porque, a cada momento,

> temos que deixar de lado todas as teorias recebidas, as construções psicológicas, as meras interpretações e apreciações, temos que nos dirigir puramente ao que podemos entender em sua existência real, ao que podemos distinguir e descrever. Esta é uma tarefa difícil, segundo ensina a experiência. Essa imparcialidade especial na contemplação do fenômeno como tal não é um dom originário, mas uma aquisição trabalhosa depois de um intenso trabalho crítico e de esforços vãos muitas vezes (Jaspers, 2011, p. 66).

A atitude fenomenológica leva-nos a ir além do evidente, do comprovado, dos fatos e permite-nos sustentar a relação terapêutica a partir de uma abertura de curiosidade que não limite as possibilidades de nosso paciente, que partem do olhar de cada um, mas que se podem suspender temporariamente, "mas suspender não significa negar e, menos ainda, negar o laço que nos une ao mundo físico, social e cultural; pelo contrário, é vê-lo ou tomar consciência dele" (Merleau-Ponty, 1969, p. 23), conhecer o modo próprio como habitamos o mundo.

Ensinaram-nos a mover-nos a partir das certezas que oferecem segurança e que existem num mundo estático, mas, num mundo em movimento, necessitamos de confiança em nós e no mundo; precisamente essa busca de segurança é parte da origem dos problemas que vivem nossos pacientes, e nós, como terapeutas, lançamo-nos com eles no mundo da incerteza baseados na confiança mútua de ir além de nossas próprias certezas; "a tentativa de dúvida universal pertence ao reino de nossa absoluta liberdade: podemos tentar duvidar de todas e de cada uma das coisas, por mais firmemente convencidos que estejamos delas, e mais, por mais seguros que estejamos delas numa evidência adequada" (Husserl, 1986, p. 70); nós nos transformamos, porque somos companheiros de viagem.

O método fenomenológico é a arte do respeito pelo outro, por meio dele são diminuídos ao máximo os juízos, permitindo ao outro poder-ser diante de si mesmo (poder ver-se) e poder-ser diante dos outros (deixar-se ver e ver os outros). Quando julgamos o outro, ele se fecha e, às vezes, ataca; os juízos geram distância, rejeição e, às vezes, desqualificação, ameaças que podem fazer com que o outro diminua sua capacidade de autocompreensão e, desta forma, impeça que nos aproximemos para um encontro existencial.

O método fenomenológico "não trata de constituir uma ciência livre de teorias, livre de metafísica" (Husserl, 1986, p. 74), trata-se, pelo contrário, de ir além, de pensar o já pensado, "consiste em aprender de novo a ver o mundo" (Merleau-Ponty, 1994, p. 20), de compreender-nos como cocriadores de nosso mundo e não como espectadores, porque "nós tomamos nosso destino nas mãos, convertemo-nos em responsáveis pela nossa história mediante a reflexão, mas também mediante uma decisão em que empenhamos nossa vida; e, em ambos os casos, trata-se de um ato violento que se verifica exercendo-se" (Merleau-Ponty, 1994, p. 20).

Referências

Allers, R. (2019). *Mundos anómalos: Un ensayo de fenomenología psiquiátrica*. Universidad Católica San Pablo.

American Psychiatric Association. (2013). *Diagnostic and statistical manual of mental disorders* (5. ed.). https://doi.org/10.1176/appi.books.9780890425596

Bakewell, S. (2018). *En el café de los existencialistas: Sexo, café y cigarrillos o cuando filosofar era provocador*. Ariel.

Binswanger, L. (1961). *Artículos y conferencias escogidas*. Gredos.

Borges, J. L. (1949). *El inmortal*. Losada.

Boss, M. (1963). *Phychoanalysis & Daseinsanalysis*. Basic Books Publishing.

Bruzzone, D. (2015). *Hacerse persona, un enfoque fenomenológico*. Ediciones LAG.

Cataldo Sanguinetti, G. (2006). Hermenéutica y tropología en carta sobre el humanismo de Martin Heidegger. *Revista de Filosofía, 62*, 59-72.

Cobo Medina, C. (1999). *El valor de vivir*. Ediciones Libertarias.

Corominas, J. (2011). *Breve diccionario etimológico de la lengua castellana*. Gredos.

Crumbaugh, J. C., & Maholick, L. T. (1963). The case for Frankl's "will to meaning". *Journal of Existential Psychiatry, 4*, 43-48.

De Castro, A., & García, G. (2011). *Psicología clínica: Fundamentos existenciales*. De la U.

Dörr Zegers, O. (2008). Los trastornos de personalidad desde una perspectiva fenomenológica. *Actas Españolas de Psiquiatría*, *36*(1), 10-19.

Ellenberger, H. (1977). Introducción clínica a la fenomenología psiquiátrica y el análisis existencial. In R. May, *Existencia: Nueva dimensión en psiquiatría y psicología*. Gredos.

Engels, F. (2000, nov.). El papel del trabajo en la transformación del mono en hombre. *Marxists Internet Archive*. https://www.marxists.org/espanol/m-e/1870s/1876trab.htm

Frankl, V. (1994). *El hombre doliente*. Herder.

Frankl, V. (1999). *La presencia ignorada de Dios*. Herder.

Frankl, V. (2001a). *Psicoanálisis y existencialismo: De la psicoterapia a la logoterapia*. Fondo de Cultura Económica.

Frankl, V. (2001b). *Psicoterapia y existencialismo: Escritos selectos sobre logoterapia*. Herder.

Frankl, V. (2001c). *Teoría y terapia de las neurosis*. Herder.

Frankl, V. (2002). *La voluntad de sentido*. Herder.

Frankl, V. (2003a). *La idea psicológica del hombre*. Rialp.

Frankl, V. (2003b). *Logoterapia y análisis existencial*. Herder.

Frankl, V. (2003c). *Psicoterapia al alcance de todos, conferencias radiofónicas sobre terapéutica psíquica*. Herder.

Frankl, V. (2003d). *Psicoterapia y humanismo: ¿Tiene un sentido la vida?* Fondo de Cultura Económica.

Frankl, V. (2004). *El hombre en busca de sentido*. Herder.

Frankl, V. (2006). *Lo que no está escrito en mis libros: Memorias*. San Pablo.

Frankl, V. (2012). *Fundamentos y aplicaciones de la logoterapia*. Herder.

Frankl, V. (2014). *Psicoterapia en la práctica clínica: Una introducción casuística para médicos*. San Pablo.

Frankl, V. (2019). *Llegará un día en el que serás libre: Cartas, textos y discursos inéditos*. Herder.

Gómez Sancho, M. (2017). *Cómo dar malas noticias en medicina*. Plataforma Editorial.

Gómez Sancho, M. (2018). *El duelo y el luto*. Manual Moderno.

Harari, Y. N. (2018). *De animales a dioses: Breve historia de la humanidad*. Penguin Random House.

Hayes, S. (2011). *Sal de tu mente, entra en tu vida: La nueva terapia de aceptación y compromiso*. Desclée de Brouwer.

Hayes, S., Strosahl, K., & Wilson, K. (2014). *Terapia de aceptación y compromiso: Proceso y práctica del cambio consciente (Mindfulness)*. Desclée de Brouwer.

Heath, I. (2008). *Ayudar a morir*. Katz.

Heidegger, M. (2001). *Introducción a la filosofía*. Cátedra.

Heidegger, M. (2006). *Carta sobre el humanismo*. Alianza Editorial.

Heidegger, M. (2007). *Seminarios de Zollikon* (M. Boss, Ed.). Jitanjáfora Morelia Editorial.

Heidegger, M. (2009). *Ser y tiempo*. Trotta.

Heidegger, M. (2011). *Heráclito*. El Hilo de Ariadna.

Heidegger, M. (2014). *¿Qué es metafísica?* Alianza Editorial.

Husserl, E. (1976). *Investigaciones lógicas*. Biblioteca de la Revista de Occidente.

Husserl, E. (1986). *Ideas relativas a una fenomenología pura y una filosofía fenomenológica*. Fondo de Cultura Económica.

Husserl, E. (1990). *El artículo de la enciclopedia británica*. Instituto de Investigaciones Filosóficas – Unam.

Jaspers, K. (1959). *Filosofía* (Tomo II). Ediciones de la Universidad de Puerto Rico.

Jaspers, K. (2003). *Nietzsche*. Suramericana.

Jaspers, K. (2011). *Psicopatología general*. Fondo de Cultura Económica.

Klingberg, H. (2002). *When life calls out to us: The love and lifework of Viktor and Elly Frankl.* Image.

Laing, R. (2014). *El yo dividido: Un estudio sobre la salud y la enfermedad.* Fondo de Cultura Económica.

Lévinas, E. (2006a). *Descubriendo la existencia con Husserl y Heidegger.* Síntesis.

Lévinas, E. (2006b). *Los imprevistos de la historia.* Sígueme.

Lévinas, E. (2015). *Totalidad e infinito: Ensayo sobre la exterioridad.* Sígueme.

Lukas, E. (2002). *En la tristeza pervive el amor.* Paidós.

Lukas, E. (2004). *Logoterapia: La búsqueda de sentido.* Paidós.

Lukas, E. (2006). *También tu vida tiene sentido.* Ediciones LAG.

Martínez, E. (2005). *Psicoterapia y sentido de vida: Psicología clínica de orientación logoterapéutica.* CAA.

Martínez, E. (2009). *Buscando el sentido de la vida.* CAA.

Martínez, E. (2011). *Los modos de ser inauténticos: Psicoterapia centrada en el sentido de los trastornos de personalidad.* Manual Moderno.

Martínez, E. (2013a). Bases de la psicoterapia centrada en el sentido. In *Manual de psicoterapia con enfoque logoterapéutico.* Manual Moderno.

Martínez, E. (2013b). *Diálogo socrático en la psicoterapia.* Saps.

Martínez, E. (2013c). *Manual de psicoterapia con enfoque logoterapéutico.* Manual Moderno.

Martínez, E. (2014). *Coaching existencial, basado en los principios de Viktor Frankl.* Saps.

Martínez, E., Camacho, S., Flórez, A., Riveros, M. C., Rodríguez, J., & Castellanos, C. (2015). *Adicciones y sentido de vida: Modelo CAYA de recuperación.* CAA.

Martínez, E., Díaz del Castillo, J. P., & Jaimes, J. (2010). Validación de la prueba "Escala de Recursos Noológicos" para personas mayores de quince años. *Revista Argentina de Clínica Psicológica, 19*(3).

Martínez, E., León de la Barra, A., & Builes Jaramillo, J. (2018). *La soledad en la cima*. Meaning Corp.

Martínez, E., Rodríguez, J., Díaz del Castillo, J. P., & Pacciolla, A. (2015). *Vivir a la manera existencial: Aportes para una logoterapia clínica*. Saps.

Maturana, H. (2010). *El sentido de lo humano*. Granica.

Maturana, H. (2015). *Del ser al hacer: Los orígenes de la biología del conocer*. Granica.

May, R. (1977). Orígenes y significado del movimiento existencial en psicología. In *Existencia: Nueva dimensión en psiquiatría y psicología*. Gredos.

May, R. (1978). *El dilema existencial del hombre moderno*. Paidós.

May, R. (1992). *La necesidad del mito*. Paidós.

Merleau-Ponty, M. (1969). *La fenomenología y las ciencias del hombre*. Nova.

Merleau-Ponty, M. (1994). *Fenomenología de la percepción*. Península.

Moreno, L. F. (2005). Introducción: Un amor de Nietzsche. In L. A. Salomé, *Friedrich Nietzsche en sus obras*. Editorial Minúscula.

Nietzsche, F. (2003). *El ocaso de los ídolos*. Tusquets Editores.

Nietzsche, F. (2004). *Ecce homo*. Losada.

Nietzsche, F. (2007). *Humano, demasiado humano: Un libro para espíritus libres* (Vol. 1). Akal.

Nietzsche, F. (2011). *La gaya ciencia*. Edaf.

Nietzsche, F. (2012a). *Genealogía de la moral*. Alianza Editorial.

Nietzsche, F. (2012b). *Más allá del bien y del mal*. Alianza Editorial.

Nietzsche, F. (2017). *Sobre verdad y mentira en sentido extramoral y otros fragmentos de filosofía del conocimiento*. Tecnos.

Nietzsche, F. (2019). *Así habló Zaratustra*. Alianza Editorial.

Onfray, M., & Le Roy, M. (2013). *Nietzsche: Crearse libertad*. Sexto Piso.

Pareja, G. (2015). *Viktor Frankl y su dictado de 1945: Un psicólogo en el campo de concentración*. San Pablo.

Sáenz-Valiente, S. (2013). La derreflexión y la intención paradójica: Técnicas de apelación a los recursos noológicos de autotrascendencia y autodistanciamiento. In E. Martínez (Ed.), *Manual de psicoterapia con enfoque logoterapéutico*. Manual Moderno.

Salomé, L. (2000). *Nietzsche*. Juan Pablos Editor.

Salomé, L. (2005). *Friedrich Nietzsche en sus obras*. Editorial Minúscula.

Sartre, J.-P. (1939, jan.). Intentionality: A fundamental idea of Husserl's phenomenology. *Stephen Hicks*. https://www.stephenhicks.org/wp-content/uploads/2016/05/Sartre-JP-Husserl-Intentionality.pdf

Sartre, J.-P. (2004). *A puerta cerrada y la puta respetuosa*. Losada.

Scheler, M. (2001). *Ética*. Caparros.

Scheler, M. (2003). *El puesto del hombre en el cosmos*. Losada.

Scheler, M. (2009). *La idea del hombre y la historia*. Leviatán.

Serrano Escallón, G. (1988). Heidegger y la fenomenología: El camino hacia la analítica existenciaria. *Universitas Philosophica*, *6*(11-12).

Signoreli, S. (2011). Las ideas de Binswanger. In E. Martínez, *Psicoterapias existenciales*. Manual Moderno.

Spinelli, E. (2005). *The interpreted world*. Sage.

Stein, E. (1998). *La estructura de la persona humana*. BAC.

Thomas, L. V. (2015). *Antropología de la muerte*. Fondo de Cultura Económica.

Van Deurzen, E. (2010). *Everyday mysteries*. Routledge.

Wilson, K., & Luciano, C. (2013). *Terapia de aceptación y compromiso: Un tratamiento conductual orientado a los valores*. Pirámide.

Worden, J. W. (1997). *El tratamiento del duelo: Asesoramiento psicológico y terapia*. Paidós.

Yalom, I. (2008). *Mirar al sol: La superación del miedo a la muerte*. Emecé.

Yalom, I. (2015). *Criaturas de un día*. Emecé.

Yalom, I. (2019). *El don de la terapia: Carta abierta a una nueva generación de terapeutas y a sus pacientes*. Emecé.

Meaning Group

- Colectivo Aquí y Ahora
- Saps: Sociedad para el Avance de la Psicoterapia Centrada en el Sentido
- WMS: Work Meaning Solutions
- TClick: Terapia a un click
- Somos Cuerpo Presente
- Meaning Tech

Edições Saps

- *La soledad en la cima*, Efrén Martínez Ortiz Ph.D., Antonio León de la Barra & Juan Felipe Builes
- *Padres seguros: Hijos felices*, Efrén Martínez Ortiz Ph.D.
- *Vivir a la manera existencial: Aportes para una logoterapia clínica*, Efrén Martínez Ortiz Ph.D., Jorge Rodríguez Mg., Juan Pablo Díaz del Castillo B. Ph.D. & Aureliano Pacciolla
- *El psicodiagnóstico en la psicoterapia centrada en el sentido*, Efrén Martínez Ortiz Ph.D., César Augusto Osorio Ph.D. & Jorge Rodríguez Mg.
- *Una personalidad "grandiosa": Entre la arrogancia y la soledad*, Efrén Martínez Ortiz Ph.D.
- *Coaching existencial: Basado en los principios de Viktor Frankl*, Efrén Martínez Ortiz Ph.D.
- *El diálogo socrático en la psicoterapia centrada en el sentido*, Efrén Martínez Ortiz Ph.D.
- *Los modos de ser inauténticos: Psicoterapia centrada en el sentido de los trastornos de la personalidad*, Efrén Martínez Ortiz Ph.D.
- IFB: Instrumento de Formulación de Biografías

Edições CAA

- *Reflexiones existenciales para adictos en recuperación*, Efrén Martínez Ortiz Ph.D.
- *Hacia una vida digna y plena de sentido*, Efrén Martínez Ortiz Ph.D. & Felipe Atalaya
- *Prevención de recaídas: Un libro de herramientas para personas en recuperación*, Efrén Martínez Ortiz Ph.D.
- *Hacia una recuperación con sentido*, Efrén Martínez Ortiz Ph.D.
- *Manual de ejercicios para la prevención de recaídas en adicciones*, Efrén Martínez Ortiz Ph.D.
- *Logoterapia: Una alternativa ante la frustración existencial y las adicciones*, Efrén Martínez Ortiz Ph.D.
- *Adicciones y sentido de vida: Modelo CAYA de recuperación*, Efrén Martínez Ortiz Ph.D., Sergio Camacho Lee Mg., Andrea Flórez Ph.D., María Cristina Riveros Mg., Jorge Rodríguez Mg. & Carol Castellanos

- *Evitando la adicción: Guía para padres y educadores,* Efrén Martínez Ortiz Ph.D.
- *¿Para qué sirve mi problema? (Cuando el problema es una mala solución),* Efrén Martínez Ortiz Ph.D. & César Osorio Ph.D.
- *Manual para aumentar la motivación al cambio en adultos con problemas de alcohol,* Efrén Martínez Ortiz Ph.D.

Outras editoras

- *Manual de psicoterapia con enfoque logoterapéutico*, Efrén Martínez Ortiz Ph.D.
- *Las psicoterapias existenciales*, Efrén Martínez Ortiz Ph.D. (editor)
- *Hazte dueño de ti*, Efrén Martínez Ortiz Ph.D.
- *Esclavos de la personalidad*, Efrén Martínez Ortiz Ph.D.
- *Por qué estar mal si se puede estar bien*, Efrén Martínez Ortiz Ph.D.

EDITORA VOZES LTDA.
Rua Frei Luís, 100 – Centro – Cep 25689-900 – Petrópolis, RJ
Tel.: (24) 2233-9000 – E-mail: vendas@vozes.com.br